월 200도 못 벌면서
집부터 산 31살
이서기 이야기 1

# 월 200도 못 벌면서
# 집부터 산 31살
# 이서기 이야기 ①

:

이서기 지음

**P** page2

일러두기

- 이 책은 네이버 카페 「부동산 스터디」에 연재된 '이서기 시리즈'를 엮어 만들었습니다.
- 인물의 성격과 특징을 살리기 위해 입말을 살렸으며, 일부는 인터넷 문체를 그대로 사용하였음을 알려드립니다.

"월급 200만 원."

5년 전에도 월급 200만 원은 쥐꼬리, 박봉의 상징이었는데 2021
년이 된 지금에도 이 기준은 별반 다를 것이 없습니다.

이 이야기는 월 200만 원도 못 벌지만, 내 몸 하나 누일 수 있는
집 한 칸 마련하는 것이 꿈이 되어버린 평범한 사람들의 이야기
입니다. 겁도 없이 집을 산 게 아니라, 겁이 많아서 집을 산 평범
한 사람들의 이야기입니다.

퇴근 후 지친 몸을 이끌고 걱정 없이 향할 수 있는 곳, 우리들
의 '집' 이야기에는 부동산 투자를 장려하는 의도가 없음을 밝힙
니다.

각자의 자리에서 살아남기 위해 매 순간 고군분투하는 이 세상
모든 이서기님들께 이 이야기를 바칩니다.

고맙습니다.

이서기 드림

# 평범한 직장인이
# 자본주의 사회에서
# 살아남는 방법

○

안녕하세요. 반갑습니다.

네이버「부동산 스터디」카페의 운영자 붇옹산입니다.

이번 부동산 상승장에는 정말 많은 부동산 관련 신조어가 등장한 것 같습니다. 그러나 그 많은 신조어들 중에서 가장 슬픈 단어는 '벼락거지'가 아닐까 합니다. 급작스러운 자산 상승기에 자산을 소유하지 못하여 가진 자와 그렇지 못한 자의 격차가 벌어져

버린 이 현상. 이렇게까지 될 줄 누가 알았을까요.

저는 이와 같은 자산 급등기를 겪은 것이 처음은 아닙니다. 2000년대 초반부터 후반까지 이어진 긴 상승장에도, 당시 사회초년생들은 감내하기 힘든 어마어마한 폭등이 있었거든요.

2000년대 초, 20대 후반이었던 저는 결혼을 했습니다. 양가 부모님의 도움을 얻어서 동작구 사당동의 보증금 8500만 원짜리 전셋집에서 시작했는데, 작은 방 2개에 거실은 없고 부엌만 조그맣게 있는 10평 조금 넘는 크기의 다세대주택이었어요. 차는 부모님께서 물려주신 10년 가까이 된 소나타2를 탔는데, 다세대주택 특성상 주차공간이 부족해서 새벽이나 아침에, 뒤에 있는 차가 나가야 한다며 전화하면 졸린 눈을 비비며 비몽사몽 차를 빼던 일이 생각나네요.

그때 저는 용산에서 일했는데, 동부이촌동의 대우한강 아파트(전용 60㎡)의 전세 가격이 약 1억 5000만 원이었던 것으로 기억납니다. 먹고 살기도 빠듯하고 투자를 생각할 만한 종잣돈을 마련하기도 쉽지 않았던 30대 초반, 나는 언제쯤 돈을 모아서 저 아파트에 전세라도 들어가서 살 수 있을까, 마냥 동경하기만 했습니다.

그 시절에도 30대들이 아파트 청약에 당첨되기란 하늘에 별따기처럼 어려웠습니다.

투기과열지구 내에서는 만 35세 이상 무주택 세대주에게 공급 물량의 대부분을 우선 공급하고, 남는 물량에 대해서만 추첨으로 공급했기 때문에 아파트 청약을 통해 내집마련을 하기란 현실적으로 불가능하다는 것을, 청약에서 몇 번 떨어져 보니 알 수 있겠더군요.

2005년에 와서야 겨우 처음으로 5000만 원 정도의 종잣돈을 모을 수 있었는데, 이 돈으로 당시에 구입 가능했던 인기 없는 주상복합 아파트의 분양권을 매수하게 됩니다. 당시 어떤 마음이었냐면, 부동산 가격이라는 버스가 달려가는데, 버스 문이 닫히기 전에 내 목이라도 끼워 넣을 수만 있다면 나는 목이 낀 채로 너덜너덜 끌려가도 좋다, 할 정도로 막차를 얻어타고 싶은 심정이었습니다.

생각해 보면 참 대책 없이 질렀던 것도 같습니다. 아파트 중도금 대출이 분양대금의 40%밖에 되지 않아서, 20%는 현금으로 자납해야 하는데 그 돈을 마련하는 게 녹록지 않아서, 전세 보증금을 줄이려고 당시 사당동의 다세대주택 전세를 빼서 용산의 수십 년 된 낡은 단독주택으로 이사를 했습니다. 저희 집 큰 애는 커다란 바퀴벌레가 날아다니는 낡은 집에서 어린 시절을 보냈고요. 그러나 다행히 그때 그렇게 억지로 얻어탄 막차는 이후 부동산 상승장이 더 이어지며, 저희 집안의 기둥뿌리가 되어주었습니다.

이 소설에 등장하는 주인공들에게 녹아 있는 부동산 이야기들을 보며, 저의 30대 초반을 생각하지 않을 수 없었습니다. 이 시대를 살아가는 소설 속 주인공들의 고민은 과거의 제가 30대 초반에

했던 고민이며, 결국 또 우리 아이들이 반복하여 마주하게 될 그런 고민이겠구나 하는 생각이 듭니다.

내집 마련을 하고, 부동산 투자를 결정하였던 30대 시절의 선택이 결과적으론 40대의 저, 저희 가족에겐 안정과 풍요로움을 가져다주었습니다. 물론 그 과정이 쉬운 것만은 아니었습니다. 2008년 미국 금융위기 이후 도래한 부동산 하락장을 힘겹게 겪어내야 했으며, 집을 지키기 위해서 한동안 정말 고통스럽게 버텨내야 하기도 했습니다.

인생에 정답이 어디 있을까요. 항상 세상은 내가 생각한 대로 움직여주지 않습니다.

소설 속의 주인공들은 각자의 위치에서 참으로 고단한 21세기를 열심히 살아내는 모습들을 보여줍니다. 보금자리를 마련하고, 현재를 지키려는 이들의 선택들이 해피 엔딩으로 마무리되길 기원합니다.

그리고 2021년을 살아내고 있는 여러분,

우리들의 삶들 또한 해피 엔딩으로 향하길 기도해봅니다.

2021.11.6

불옹산(「부동산 스터디」 카페 운영자)

"야! 200도 못 벌면서 맥주 남기지 마!"

강렬했던 첫 문장을 시작으로 빠르게 읽어나갔다. 책 속에 등장하는 인물들이 허구인지 실제인지 헷갈릴 정도로 디테일해서 감정이입 하는 것을 멈출 수 없었다.

'주식에 투자하면 망한다'는 엄마와 취업 대신 스마트스토어를 선택한 동생 사이에서 갈등하는 주인공을 지켜보며, 현재를 살아가는 2040세대의 고민거리를 고루 잘 다뤘다고 생각했다.

아끼고 저축해서 평범하게만 살 것인지, 영끌해서 보금자리를 마련할 것인지, 양 갈래 길에서 어떤 것을 선택할지 고민된다면 이 책을 읽고 답을 찾길 바란다.

**신사임당**(경제 유튜버, 『킵고잉』저자)

○

안정적인 삶의 대명사처럼 여겨졌던 공무원이라는 직업을 가진 다채로운 사람들의 결코 안정적으로 보이지 않는 자본주의 스펙터클 대서사시.

서울대 출신 9급 공무원, 압구정 현대아파트에 사는 계약직 공무원, 200원(200억 원 아님) 횡령 공무원까지.

흥미롭고 재미있지만 한편으로는 짠하기도 한 우리 시대 공무원들의 리얼한 인생 이야기를 엿볼 수 있습니다.
그래서 결론은… 공무원도 사람입니다.

**박성현**(경제적 자유를 찾아서, 『나는 주식 대신 달러를 산다』 저자)

# 목차

:
:

## 1부
## 평범한 9급 공무원이
## 되고 싶어

## 2부
# 돈이 없어도
# 집은 사야지

1부

## "평범한 9급 공무원이
## 되고 싶어"

# 야! 200도 못 벌면서 맥주 남기지 마!

"야! 200도 못 벌면서 맥주 남기지 마!"

먹태를 마요네즈에 찍다 말고 친구가 고갯짓으로 내 맥주잔을 지적한다. 두 모금 정도의 맥주가 미지근하게 남아 있다. 명치에서 울컥 뜨거운 것이 올라오지만 나는 아무 말도 할 수 없다. 그냥 패잔병처럼 무기력하게 잔을 들어 마신다. 아니 입 속으로 털어버린다.

[입금] 노운구청 1,680,000원

월급이 들어왔다. 나는 돌고 돌아 나이 서른에 겨우 9급 공무원이 되었다. 그렇지만 크게 달라진 것은 없다. 나는 5년 전이나 지금이나 맥주를 남기지 말아야 한다. 허탈하면서도 아득하다.

"이 주무관, 주간 업무 취합해서 낸 거 맞나? 왜 달랑 일상 업무 한 줄이지?"

오늘따라 카랑카랑한 계장 목소리.

심기가 불편한 것이 틀림없다. 즉각 자리에서 일어나 당장 처리하겠다고 조아려 읍소하고 팀원들에게 단체 쪽지를 뿌리고서, 타온 지 두 시간이 넘어 미지근해진 카누를 마신다.

꼭 5년 전 그 맥주 같다.

핸드폰 진동이 울린다.


[중개사] 내일 오후 3시에 집주인 시간 된다네요.


나는 집을 사기로 했다. 그리고 그보다 먼저 내가 취직하기를 오랫동안 기다려준 남자친구와 결혼하기로 했다. 우리는 집 문제로 양가에 부담을 주고 싶지 않았다. 알아서 집을 계약하고 알아서 혼수를 준비해놓고 부모님들께 결혼 발표를 할 작정이다. 남자친구는 착실한 사람이다. 나보다 먼저 취직해서 돈을 모아뒀다. 남자친구가 모은 7000만 원, 내가 입직하고 6개월간 모은 700만 원이 우리 전 재산이다.

2019년 7월, 우리는 서울 변두리에 있는 30년이 다 된 22평 주공아파트에 가계약금을 넣었다. 보금자리론과 남자친구의 신용대출을 모두 받기로 했다. 우리는 아파트 단지에 있는 놀이터에 나란히 앉아서 계약한 집을 바라본다.

"1, 2, 3, 4, 5, 6, 7. 7층, 저 집이다. 근데 아까 집주인 할아버지 말할 때 술 냄새 진동하지 않았어? 나 불안해."

"공인중개사 통해서 거래했으니까 별 문제 없지 않을까?"

"맞아, 아무래도 전문가니까 알아서 잘 해줄 거야. 그나저나 나 내일 점검 돌아야 되니까 빨리 집 가서 일찍 자야겠어. 아침 일찍 가서 서류 준비 좀 해야지. 근데 현우야, 우리 잘 한 거 맞을까? 잘 살 수 있을까?"


다음 날.

출근해서 공람 문서를 확인하는데 시보 해제 알림 공문이 눈에 띈다. 얼른 클릭한다.


노운구청 서기보시보

김영희

김철수

이서기

서기보에 임함.

입직한 지 6개월이 넘어 동기들과 함께 시보가 해제되었다. 시보 공무원 생활을 끝내고 정식 9급 공무원이 되었고, '서기보'라는 직급을 얻었다. 사람들이 흔히 알고 있는 9급 공무원의 정확한 명칭이 '서기보'다. 나도 시보를 해제하고 나서야 내 직급의 정확한 이름을 알게 됐다.

공람으로 공문을 먼저 확인한 주무관님들이 메신저로 끊임없이 축하한다는 쪽지를 보내왔다. 내가 공을 들여 이룬 일이 아니라서 큰 감흥은 없었다. 그리고 앞으로도 이렇게 노력하지 않는 삶을 살게 되지 않을까, 그저 시간이 데려다주는 곳에 표정 없이 앉아 있지 않을까, 쓸데없는 생각을 했다.

'아냐. 좋은 게 좋은 거지 뭐.'

그렇게 성과 없는 성과를 억지로 자축하며 조금 홀가분한 며칠을 보내고 있는데 아빠한테 전화가 왔다.

'왜지? 아빠가 갑자기?'

아빠랑은 특별한 일이 없는 한 통화하지 않는 편이다. 아주 어색하기 때문이다. 무슨 일이 있나 싶어 얼른 전화를 받았더니 구청 앞에 있다고 잠깐 나와보라 하신다. 아빠는 엄마가 직접 만든 백설기 두 박스를 차에 싣고 왔다. 시보 떡이었다.

'아…. 이런 거 진짜 싫어. 요즘에 이런 걸 누가 해? 그리고 사

람들은 내가 누군지도 몰라. 난 있는 듯 없는 듯 지내고 싶다고.'

속에서 비수 같은 말들이 한꺼번에 고개를 쳐든다. 하지만 억지로 일그러진 얼굴을 숨기고 아빠에게 운전 조심해서 가라는 성의 없는 인사치레만 던지고서 얼른 떡을 가지고 탕비실로 올라갔다. 그리고 자리로 돌아가 쪽지를 썼다. 도저히 한 명 한 명 얼굴을 보고 떡을 나눠줄 용기가 안 났다.

안녕하십니까. 2019년 7월 1일 자로 시보 해제를 발령받은 교육 지원과 이서기입니다. 시보 해제된 기념으로 떡을 탕비실에 두었습니다. 맛있게 드세요. 축하해 주셔서 감사합니다.

내가 할 수 있는 최선이었다. 2시간 정도 지나 떡을 얼마나 가져갔는지 궁금해서 컵을 씻는 척 탕비실로 올라갔다.

'꽤 많이 줄었네. 울 엄마 떡이 맛있긴 하지.'

엄마는 20년 동안 영세한 떡집을 혼자 운영하시며 나와 남동생을 키웠다. 그 떡은 엄마의 세월이자 정성이었다. 뿌듯해하면서 개수대에서 컵을 씻는데 여자 주무관 두 명이 들어와 떡을 집으면서 하는 말이 또렷이 들려온다.

"포장이 이게 뭐야? 싼 데서 했나 보네. 할 거면 좀 그럴듯한 걸 하지. 이러면 하고도 욕먹는다니까?"

"그러니깐. 그리고 난 콩 싫은데. 요즘에 누가 촌스럽게 이렇게 콩을 많이 넣어?"

순간 팔다리가 딱딱하게 굳는 게 느껴졌다. 얼굴이 뜨겁게 달아오르고 숨소리도 낼 수 없었다. 시간이 멈춘 것 같았다. 그 자리를 벗어나고 싶은데 도무지 다리가 말을 듣지 않았다.
그때 주머니에서 진동이 울린다. 부자연스러운 동작으로 핸드폰을 열어본다.

[엄마] 우리 딸 잘했어. 우리 딸 때문에 일할 맛이 난다. 시골에서 할머니가 농사지은 쌀이랑 콩으로 했어. 따뜻할 때 나눠 먹어.

형언할 수 없이 비참하다. 비참한 감정을 느끼는 나 자신이 혐오스럽다. 이렇게 형편없는 내가 엄마의 자랑이라니.
모두 탕비실을 나가자 나는 남은 떡을 급히 정리해서 최대한 신속하게 자리로 돌아와 발밑에 두었다.
'울면 안 돼.'

애써 마음을 추스르려 하는데 남자친구 현우가 카톡으로 아파트 실거래가 링크를 보내왔다. 얼마 전 우리가 계약한 것보다 무려 1억이나 낮은 금액에 우리 아파트가 거래되었다. 순간 격해졌던 감정이 차갑게 식으면서 눈앞이 캄캄해진다.

서둘러 한국금융주택공사 홈페이지에 들어가서 대출 상환 일정을 뽑아본다. 2.33% 고정금리, 원리금 균등, 체증식 어쩌구…. 앞뒤로 빼곡한 비현실적인 숫자들. 수많은 숫자 중에 용수철처럼 튀어 오르는 숫자 두 개.

　30년 상환

30년 후면 내가 60살이 된다.

엄마 얼굴을 떠올려본다. 올해 57세가 된 엄마 얼굴에는 세월의 흔적이 자글자글하다. 지금의 엄마보다도 3년을 더 일해야 나는 비로소 서울 변두리 작은 아파트를 온전히 가질 수 있다.

'아, 이게 다가 아니잖아. 남자친구 신용대출이 있었지….'

머릿속이 뒤죽박죽이다. 숨이 막힌다.

어쨌든 그건 내 사정일 뿐이고 일단 나는 일을 해야 한다. 직인을 찍어야 할 서류를 가지고 행정지원팀으로 올라간다. 쭈뼛쭈뼛 인사하고 등록대장을 꺼내는데 누군가 말을 붙인다.

7급 조 주무관님이다.

"이서기 주무관님 집 샀다면서? 나도 그 동네 살아. 근데 왜 주공아파트를 샀어~ 민영 아파트를 샀어야지."

순간 모든 시선이 나에게 쏠린다. 어떻게 알았는지 너무나 궁금하다. 속으로 별의별 생각을 다 하고 있는데 그 팀에 막내로 들어간 동기 언니와 눈이 마주친다.

연수원에서 한 번 스치듯 만난 민지 언니는 나보다 한 살 많고 사는 동네도 비슷해서 같은 청에 발령받은 이후로 이런저런 이야기를 나누게 되었다. 언니도 결혼을 준비하던 터라 결혼을 주제로 서로 많은 얘기를 나눴다. 며칠 전에 언니와 점심을 먹다가 신혼집을 계약했고 상견례 날짜도 잡았다고 말했다.

"진짜? 잘했다! 전세?"

"아니요. 그냥 대출 껴서 사버렸어요. 어렸을 때 이 집 저 집 전전하던 게 진저리가 나서요."

순간 언니의 얼굴에 당황스러움이 비낀다.

"그래? 돈 많나 보다…. 어느 동네야?"

이후로도 언니는 이것저것 많이 물었다. 나는 어느 동네 어떤 아파트인지, 얼마가 우리 자본이고 얼마가 대출인지 상세히 고해야 했다. 다 듣고 난 언니의 얼굴에서 알 수 없는 안도감을 나는 눈치챘다.

"그럼 시댁에서 도와주진 않은 거네? 나는 경기도에 신축 40평 전세로 들어가기로 했어. 전세금은 시부모님이 해주시고 우리 쪽은 혼수 조금 하기로 했어. 그리고 신혼여행 가서 가방 사라고 천만 원 따로 주시더라고."

언니는 신혼여행은 하와이로 잡았고 가방은 샤넬을 보고 있다고 했다.

"언니 진짜 축하드려요. 신축 아파트 정말 살기 좋을 것 같아요! 너무 부러워요. 가방 사시면 저도 꼭 보여주세요."

나는 내 EQ를 최대한 끌어내서 언니가 듣고 싶은 말을 골라냈다. 순간 내가 메고 온 가방이 떠올랐다. 수험생 시절에 남자친구가 사준 백팩이다. 오랜 수험 생활을 하는 동안, 내가 몇 번을 떨어지고 다시 시작하는 그 답답한 시간 동안 한 번도 날 탓하지 않았다. 조금의 불평도 없이 그냥 옆에 있어줬다. 난 아직도 이 가방을 바꾸고 싶은 마음이 없다.


나는 민지 언니와의 대화를 잠시 떠올렸다가 기어들어가는 목소리로 대답했다.

"어쩌다 보니 그렇게 됐어요…."

"아니, 그런데 왜 그 위치에 그 아파트를 샀어? 역세권도 아니잖아."

"부동산 중개인이 그 아파트 바로 앞에 경전철이 들어올 거라고 하더라고요."

나는 모처럼 자신 있게 말했다. 중개사가 나에게 그랬던 것처럼.

"허허, 이 사람아. 그 경전철은 10년 전부터 나온 얘긴데 아직도 감감무소식이야~ 뺑 호재야, 뺑 호재."

순간 덜컥한다. 또 뭔가 잘못됐구나.

"어차피 살 집도 필요하고 친정이랑도 가까워서 괜찮아요."

그렇게 터덜터덜 자리에 돌아와 업무를 마무리하려는데 마음한편에 또아리를 틀고 있는 패배주의란 것이 다시금 머리를 쳐든다.

'그래. 내가 잘될 리가 없지. 항상 이런 식이었어.'


그 와중에 연수원에서 친해진 타기관 은주 언니의 메시지가 온다.


[은주언니] 서기야 너 노운구 주공아파트 샀다고 했지? 나도 네말 듣고 알아봤는데 괜찮더라고. PC 공법에 재건축 연한도 2년밖에 안 남았고, 경전철 호재도 있고, 학군도 나쁘지 않네. 너무

괜찮다 진짜. 나 투자용으로 4억에 들어가려고 하는데 어때?

4억이면 내가 산 가격보다 무려 3천이나 높은 금액이다. 은주 언니는 나를 무척 잘 챙겨주고 배울 점이 많은 언니라서 나도 조금이라도 도움이 되고 싶다.

[이서기] 언니, 아니야. 나 아무래도 상투 잡은 것 같아. 실거래 가도 점점 떨어지는 것 같고. 경전철도 거의 지지부진하다고 하네. 암튼 그래 언니. 나 지금 바빠서 좀 있다 카톡할게.

20대의 나는 실패가 익숙했다. 30줄에 들어서 간신히 얻어걸린 단 한 번의 공시 합격은 내 주위 환경을 많이도 바꿔 놓았지만 염세적인 태도, 어두운 표정, 구부정한 자세, 자꾸만 떠오르는 나를 향한 공격적인 생각은 여전히 바뀌지 않았다. 나 자신만은 변한 게 없었다.
그렇게 기분이 좋지 않은 채로 남자친구를 만났다. 현우는 감정 기복이 별로 없다. 오늘 일은 어땠느냐고, 할만 했느냐고 묻는다.
"응. 그냥 할만 해. 그나저나 우리 집 산 거, 잘한 일일까? 나 정말 불안해."

나는 걱정 가득한 얼굴로 같은 동네에 산다는 조 주무관님에게 들은 경전철 얘기를 했다. 현우는 말없이 듣다가 어느 부동산 어플의 커뮤니티를 보여준다.

　— 이 실거래가는 증여가 아닌지 의심되네요.
　— 맞아요. 제가 부동산에 전화해서 확인해 봤더니 그럴 확률 100%라고 하네요.
　— 확실함. 2016년에 들어왔는데 3년 동안 1.9억 올랐음.

이어서 7년간의 집값이 찍힌 그래프를 보여준다.
우상향이다.

"근데 증여가 아닌지 의심된다는 말이 무슨 말이지?"
"부모가 자식한테 넘겨주려고 시세보다 아주 싼 값으로 매매 계약을 했다는 말이야."
뭔지 잘 모르겠지만 난 현우 말이라면 일단 믿는다. 잘 모른다는 걸 들키고 싶지 않아서 알아들었다는 듯 고개를 끄덕한다.

현우와 헤어지고 집에 돌아와 부동산 유튜브를 찾아본다. 나도 뭔가를 공부해서 현우에게 조금이라도 도움이 되고 싶다.

핸드폰을 계속 보면서 침대에 눕는다.

'아. 그런데 은주 언니한테 투자용도 괜찮을 수 있다고 다시 말해줘야 하나….'

'아냐, 언니도 다 찾아봤겠지. 그리고 괜히 얘기했다가 잘못되면 어떡해. 내 코가 석 자다. 잠이나 자자.'

# 평범하기 진짜 힘들다

"서기야, 민수 어머니 돌아가셨대."

"민수? 김민수? 3학년 1반?"

"응. 오늘 빈소 같이 갈래?"

순간 민수의 얼굴이 머릿속을 스친다. 고3 시절, 같이 웃고 떠들고 먹을 거 뺏어 먹고 철없이 뛰어다니면서 놀던 기억이 난다. 외면할 수 없다. 마침 사무실 의자에 검은색 블레이저가 걸려 있다.

"그래, 가야지. 근데 할머니 아니고 어머니 맞아?"

퇴근 후 직장 앞 편의점에서 10만 원을 뽑아 주머니에 구겨 넣고 급히 장례식장에 간다. 도착해서 부의를 하고 민수를 만났다. 울음을 참고 있는 건지 얼굴이 상기돼 보인다. 내 손을 잡고 있는 민수의 얼굴을 본다. 입은 분명 웃고 있는데 눈은 울고 있다.

나는 아무 말도 할 수가 없다. 그 눈을 보고서는 무슨 말을 해야 할지 다 잊어버렸다. 그냥 말없이 손을 꽉 잡았다.

"급성 심근경색이래."

같은 반이었던 친구들끼리 둘러앉아 육개장을 뒤적거리면서 잠시 각자의 어머니를 생각한다.

"참, 이서기 현우랑 결혼한다며 축하해."

각자 사는 얘기들을 시작한다. 오랜만에 친구들을 만나니 즐겁다. 근데 앞에 앉은 두 친구가 핸드폰으로 뭔가를 열심히 한다.

"야, 뭐해?"

"오늘까지 주식 계좌 개설하면 4만 원 준대서 하는 중."

주식.

듣자마자 거부감이 밀려온다. 오랫동안 엄마에게 세뇌 당한 결과다. 좋은 말로 하면 엄마는 나에게 망하지 않는 법을 끊임없이 가르쳤다.

빚내면 망한다.

주식하면 망한다.

도박하면 망한다.

저축 안 하면 망한다.


엄마는 내 인생의 하한선을 정해주고 싶었나 보다.

그런데 하한선 위로 올라가는 법은 가르쳐주지 않으셨다. 이 대로라면 비록 망하지는 않을지라도 절대 성공할 수 없다. 어 쩌면 9급 공무원이라는 직업에 딱 어울리는 가치관이다.

사실 나도 엄마의 바람처럼 평범하게만 살고 싶었다. 하지만 나이 들어가며 느끼는 것은 평범하게 사는 게 진짜 힘들다는 것이다.


"난 남들처럼 평범하게만 살고 싶어."

이때 '남들처럼'이라는 말에는 다양한 의미가 들어있다.

남들처럼 월 200만 원 넘게 벌고,

남들처럼 한 달에 한 번은 호캉스 가고,

남들처럼 경조사가 세 번 겹쳐도 부의금, 조의금 턱턱 내고,

남들처럼 부모님 용돈 팍팍 드리고,

남들처럼 옷 사고, 신발 사고, 가방도 사고.

나의 현실과는 다르게 행복해 보이는 내 눈앞의 남들처럼만. 남들처럼만 살고 싶다.

"야. 너는 이제 공무원이라 월급도 따박따박 나오잖아. 결혼하고, 애 낳고, 육아휴직하고, 그렇게 저렇게 평범하게 살면 되지."
내 공무원증을 보면서 그게 뭐가 어렵냐며 쉽게들 말한다. 사람들이 생각하는 평범함이라는 표본의 표본의 표본이 바로 9급 공무원이다.
하지만 사람들은 모른다. 수면 위의 평범함을 지키기 위해서 물 밑에서 애처롭게 구르고 있는 내 두 다리를 말이다. 평범함이란 단어는 생각보다 그 무게가 너무 무거워서 한시도 다리를 구르지 않고는 그 무게를 버틸 수 없다. 내 발목에 족쇄처럼 달려 있는 '평범하게만 살고 싶어'라는 내 마지막 자존심이 나를 언제고 익사시킬 수 있다는 생각이 들기도 한다.

사실 평범하다고 말하는 것은 절대 평범한 게 아니다. 상위 10%만 누릴 수 있는 것이다. 아니, 상위 10%도 후하다. 3%의 사람만이 평범하다고 생각한다. 왜냐면 평범하기 위해 충족시켜야 하는 요건들이 아주아주 많기 때문이다.

평범한 학력에

평범한 재력을 가지고

평범한 집에 살며

평범한 차를 타고

평범한 직장에 다녀야 한다.

이 중에 무엇 하나가 삐끗하면 '좀 이상한데?' 하며 고개를 갸우뚱한다. 사람들이 기대하는 그 평범한 사람이 되려면 정말로 각고의 노력을 다해야 하는 것이다.

200만 원이 안 되는 월급을 메우기 위해 부업을 소홀히 하면 안 되고, 그 와중에 본업은 당연히 잘해야 한다. (1000페이지가 넘는 매뉴얼을 눈이 침침해질 때까지 읽으면서 조직이 내게 부여한 그 미션을 쉴 새 없이 돌려야 한다. 또 그 결과물은 절대 규격에 어긋나지 말아야 한다.)

그리고 무엇보다 평범한 집을 사야 한다. 사는 곳이 계급장이 된 이 세상에서 나는 그럭저럭 평범한 집에 사는 평범한 사람임을 입증하기 위해 죽자사자 달려들어 집을 사야만 했다.

이 모든 것을 수행하려니 나는 머리가 다 빠질 지경인데, 이런 각고의 노력 끝에 내가 겨우 가질 수 있는 게 '평범함'이라니 힘이 빠진다. 사람들의 기대치가 높은 건지 내 능력이 바닥인 건지 헷갈린다.

온갖 매스컴과 유튜버들은 끊임없이 "주식해라" "투자해라" "현금은 헐값이다"라고 말한다.

엄마의 말이 그때는 맞고 지금은 틀리지 않을까? 엄마가 말하는 평범한 방법이라는 게 예전과는 많이 달라진 건 아닐까? 난 의심이 든다. 직접 내 경험으로 확인해 보고 싶다. 좀 더 솔직하게는 하한선에서 비비적대는 내 모습이 싫다. 돌파구를 찾고 싶다. 나도 성공하고 싶다. 그게 돈이라면, 돈을 정말 많이 벌고 싶다.

거부감을 꿀꺽 삼키고 친구에게 도움을 청한다.

"나도 해볼래. 어떻게 하는 거야?"

민수 어머니의 장례식장에서 모두 검은 옷을 입고, 먼저 주식을 시작한 친구의 썰을 경청하며 주식 계좌를 개설하고 있는 우리 모습이 블랙코미디 같다는 생각이 들었다.

돌아오는 지하철 안, 옆자리 고등학생이 내가 조금 전에 처음 깐 주식 어플을 보고 있다.

생각이 많아진다.

다음 날.

모처럼 주말이라 당근마켓에서 중고거래를 했다. 요즘엔 집에 있는 안 쓰는 물건을 팔아서 받은 현금을 봉투에 고이 모아둔다. 이 봉투를 열어 5000원을 꺼내 집 앞 편의점에서 로또를 산다. 로또에 돈을 쓴다는 건 얼마 전까지만 해도 있을 수 없는 일이었다.

"현우야, 로또 그거, 되지도 않을 작은 확률인데 왜 그렇게 맨날 열심히 해? 그 돈이 아까워. 차라리 그걸로 아아를 한 잔 더 사 먹겠다."

남자친구는 가만히 듣더니 한 템포 쉬고 대답한다.

"시도하면 작은 확률로라도 될 수 있지만 시도하지 않으면 0%야. 그냥 우리 인생이 다 그래."

대답할 수가 없다. 엄마가 20년 동안 공들여 쌓아준 내 안의 무언가에 서서히 균열이 생긴다.


부모님과 저녁을 먹으러 식당에 가는 길이다. 길모퉁이 유명한 복권방 앞에 로또를 사려는 사람들이 길게 줄지어 서 있다. 엄마는 바로 원색적으로 비난한다.

"아휴. 나는 이해가 안 된다. 저게 도박이지, 도박이 따로 있어? 요즘 사람들 다들 정신상태가 도대체 어떻게 생겨먹었는지. 저 돈으로 콩나물국밥 한 그릇을 더 사먹겠다."

나는 아무 말도 안 한다. 그냥 듣기만 한다. 그리고 아까 사둔 로또가 들어 있는 지갑을 더듬어 지퍼를 끝까지 채운다.

점점 엄마와 다른 방향의 길을 가고 있다는 것을 깨닫는다.

# 나에겐 없고 그에겐 있는 것, '기세'

퇴근하고 집에 돌아와 식탁에 앉았다. 언뜻 봐도 선물로 보이는 박스가 눈에 띈다. 가져와 열어본다.

"이게 뭐야?"

엄마가 국을 건네주며 말한다.

"외삼촌이 보낸 거야. 얼마 전에 외삼촌네 장인어른이 돌아가셔서 아빠랑 조문 갔다 왔잖아. 조문 온 사람들한테 하나씩 보냈나 보던데. 근데 뭔지 도통 모르겠네. 네가 한번 봐라."

아빠는 소주를 잔에 채우면서 투덜거린다.

"돈도 많으면서 한우나 보낼 것이지."

"12년산 발사믹 식초…. 올리브오일이래. 뭐야, 한 병에 15만 원도 넘네!"

인터넷에 검색해 보니 이탈리아 12년산 발사믹 식초와 엑스트라버진 올리브오일이라고 한다. 모 여배우가 몸매 유지를 위해 챙겨 먹는다는.

아빠는 세상에 별일이 다 있다며 한우보다 비싼 식초를 먹을 일이 있느냐고 비아냥대면서 엄마가 구워준 삼겹살에 소주를 마신다.

외삼촌은 엄마와 두 살 터울이다. 외갓집은 찢어지게 가난해서 할머니는 엄마에게 고등학교를 가지 말라고, 정 가야겠으면 나를 팔아 가라고 하셨단다. 그래도 엄마는 꾸역꾸역 여자상업고등학교에 입학했고 졸업하자마자 바로 취직했다. 외삼촌은 공부를 잘해서 서울의 명문대에 입학했고, 엄마는 꼬박꼬박 외삼촌의 학비를 대 졸업까지 시켰다. 삼촌은 직장생활을 하다가 나와서 중소기업 CEO로 성공했고, 지금은 반포 자이에 살고 있다. 사업은 꾸준히 잘돼서 나보다 4살 어린 큰아들을 어렸을 때부터 미국으로 유학 보냈다. 학비만 1년에 수천만 원이다. 외숙모의 차는 벤츠고 뒷자리에도 티비가 있다. 삼촌은 얼마 전에 또 차를 바꿔 볼보를 타고 다닌다고 한다.

이 모든 것을 아빠가 줄줄 얘기한다. 쌈장에 찍은 삼겹살을 우걱우걱 씹어먹으면서.

같은 뿌리에서 나왔지만 엄마와 외삼촌은 꽤나 다른 인생을 살고 있다. 더 무서운 건 그 차이가 우리 대에 와서 더 심해졌다는 것이다. 사촌 동생이 미국에서 유학 생활을 하는 동안 나는 한국에서 영어를 전공했다. 유학은커녕 미국에 단 하루도 가본 적이 없다. 미국에 갈 수 있다는 생각조차 못 했다. 식초와 오일을 보면서도 '맛있게 먹어야 겠다'는 생각 대신 '당근에 팔아야겠다. 오랜만에 쏠쏠하겠네' 하는 생각이나 하고 있다.

나는 이 오일과 식초의 가치를 모른다. 12년 발효된 식초는 무슨 맛인지 가늠도 못한다. 이건 그들만의 세상에 존재하는 물건인 것 같다. 나도 아빠처럼 식초를 굳이 15만 원이나 주고 먹어야 하나 무의식중에 생각했다. 난 아빠와 다르고 싶지만 크게 다르지 않다.

갑자기 밥맛이 뚝 떨어져 먹는 둥 마는 둥 하다가 숟가락을 놓는다.

"왜, 입맛 없어? 너 도토리묵 무침 좋아하잖아. 엄마가 너 주려고 어제 쑤었는데."

도토리묵과 발사믹 식초의 부조화가 불편하다. 같은 공간에 있는 것이 어색하고 도저히 서로 버무려질 수 없는 존재 같다.

"응. 맛있어. 내일 사무실에 점심으로 싸가서 먹을게. 지금은 소화가 잘 안되네."

문득 얼마 전 돌아가신 민수 어머니가 스친다. 난 잠시 엄마 얼굴을 지그시 본다.

"엄마. 근데 이제 묵 같은 건 마트에서 사자. 엄마 어깨랑 팔 안 좋잖아. 더 심해지면 어쩌려고."

젓가락을 다시 들어 묵을 한두 번 더 집어먹고 방으로 들어와 작년에 외삼촌을 만났던 기억을 꺼낸다.

공무원 시험에 최종 합격 통보를 받고 집에 무기력하게 누워 있던 어느 날 낯선 번호로 전화가 왔다.

　[삼촌] 서기야 잘 지냈니? 삼촌이야. 공무원 시험 합격했다고 엄마한테 들었어. 축하한다.
　삼촌이 저녁 한 끼 사줄까 하는데 삼촌 사무실 근처 식당에서 보자. 문자로 장소 보내줄게.

전화를 끊자마자 문자가 온다.

　[삼촌] 서울시 서초구 서초동….

서초동이다.

나도 30년 평생을 서울에서 살긴 했지만 서초동을 목적지 삼아 가본 적은 없다. 그 사실이 신기하다. 가는 길을 대중교통으로 검색해 보니 1시간 5분 걸린다고 나온다. 내가 가진 것 중에서 가장 봐줄 만한 옷을 입고 넉넉잡아 1시간 30분 전에 집을 나선다. 1호선에서 2호선으로 갈아타는 게 맞는지 여러 번 확인하면서 약속 장소에 도착했다.

소심하게 카운터로 걸어가서 삼촌 이름을 말하니 깔끔하게 유니폼을 차려입은 중년의 여성 종업원이 나를 어떤 방으로 데려다준다. 삼촌은 미리 와 계셨고 밝은 얼굴로 날 맞아주셨다.

"서기야, 오랜만이다. 어서 앉아."

그러고는 같이 따라 들어온 종업원에게 늘 시키던 것처럼 자연스럽게 주문한다. 삼촌은 술은 원래 안 마신다고 말하면서 내가 한잔 먹고 싶으면 시켜도 된다고 했다. 갑자기 매일같이 소주를 마시는 아빠가 떠오른다. 나도 술은 즐겨 먹지 않는다고 거절했다.

아주 오랜만에 만난 삼촌은 눈빛이 또렷하다 못해 강렬했다. 머리가 희어지고 예전만큼 커 보이지도 않았지만 알 수 없는 아우라가 있었다. 목소리가 분명했고 안색이 빛났다. 조언을

해주는 듯하지만 가르치지 않았다. 정제된 말투로 질문하고
이어지는 말을 경청했다.

코스요리 중간에 종업원 이모님이 소고기를 구워 접시에 놔주
신다. 너무 맛있다. 나도 이런 것을 매일 매끼 먹고 싶다. 그때
삼촌이 지갑에서 5만 원짜리 지폐를 꺼내 이모님에게 건넨다.
말로만 듣던 팁이다. 문화충격이다.

처음엔 삼촌의 눈을 쳐다볼 수 없었지만 점점 눈을 보면서 말
을 하고 있었다. 그 자리에, 그 대화에 빠져들고 있었다.

삼촌은 엄마한테 잘해야 한다고 몇 번이고 말했다. 너희 엄마
같은 사람은 없다고, 어디에도 없을 거라고. 나에게 하는 말인
지 본인에게 하는 말인지 여러 번 반복해서 말했다. 그리고 7급
공무원 시험을 바로 준비하라고 했다. 지체하지 말라고, 모든
일은 기세라고 했다. 지금의 기세를 유지해 보라고 했다.

기세.
그것이 무엇인지 정확히는 모르겠으나 환갑을 바라보는 나이
에 반짝이는 삼촌의 눈빛이 그것과 비슷한 것이 아닐까 생각
해 본다.

삼촌은 디저트가 나올 때쯤 흰 봉투를 건넨다. 나는 망설인다.

엄마한테 받아도 되는지 물어봐야 할 것 같다. 엄마는 빚지는 걸 싫어하기 때문이다. 나중에 돌려줄 생각을 하면서 일단은 받아둔다.

식사를 마치고 역으로 같이 걸어간다. 서초역 출구 앞에 검은색 세단이 기다리고 있다. 세단 앞에 다다르자 삼촌은 지갑에서 5만 원을 꺼내 나에게 준다. 흘끗 본 삼촌의 지갑은 5만 원 권으로 두툼하게 채워져 있다.

"서기야, 날씨가 차다. 택시 타고 가. 다음에 또 보자."

세단이 떠나고 나는 평소처럼 지하철을 탔다. 엄마는 택시값, 커피값이 제일 아깝다고 했다. 나도 그런 것 같다. 지하철 안에서 사람들을 등지고 서서 삼촌에게 받은 봉투를 열어 본다.

너무 많다. 세어보니 100만 원이다. 큰 실수를 한 것 같아 엄마에게 바로 전화를 한다. 엄마는 의외의 대답을 했다.

"그건 받아도 돼. 너 필요한 것 사. 감사하다고는 했지?"

그게 내가 기억하는 그날의 마지막 장면이다. 삼촌은 내가 만난 어른 중 가장 인상적인 어른이었다. 나도 그런 어른이 될 수 있을까? 거울을 꺼내 내 눈을 본다.

내 눈빛이 어떤지. 내 눈빛 속에도 기세가 있는지.

… 잘 모르겠다.

다음 날 출근 준비를 한다. 남자친구와 아침에 단 10분이라도 시간을 내어 책을 읽자고 약속했다. 남자친구가 책을 선물해 줬다. 책 제목은 『부의 인문학』이다. 지하철에서 비몽사몽 책을 좀 읽다가 부동산 유튜브를 본다. 내일은 주식 유튜브를 볼 예정이다.

사무실에 도착했는데 분위기가 뒤숭숭하다. 왜냐면 곧 인사철이기 때문이다. 9급, 6급 가릴 것 없이 다들 승진에 목매고 그 언제보다 초조해 한다. '어디에 어떤 자리가 좋다던데 이번에 빈다더라' 하면서 여기저기서 수군수군한다.

다들 과장님과 면담을 못 해서 안달복달하고 발을 동동 구른다. 누구는 부당하다고 불평불만을 늘어놓고 누구는 울면서 읍소한다. 꼭 어릴 적 학원 가기 싫다고, 공부하기 싫다고 너무 어려워서 못하겠다고 엄마한테 울고 떼쓰던 내 모습 같다. 우물 안에 든 개구리가 되긴 싫었는데 더 작은 우물에 갇힌 기분이 든다. 가슴이 답답해진다.

핸드폰으로 집값을 찾아본다. 몇 개월 사이에 내가 샀던 것보다 5000만 원이나 올랐다. 기쁘다. 이제야 좀 살 것 같다. 내친김에 어제 들어온 수당으로 주식이나 몇 주 담아볼까 생각하는데 인터넷 카페 알림이 뜬다.

[공지] 2021년 행정고시 정보

순간 세 번째 행정고시에 떨어지던 날이 생각난다.

# 9급 공무원이나 해봐

나는 삼수 끝에 인서울 인문대에 들어갔다. 내세울 게 없던 나는 행정고시를 준비했다. 시험을 세 번 봤는데 세 번째 시험의 점수는 그 어느 때보다 형편없었다. 결과를 확인하자 더 이상 울음도 안 나왔다.

중학생이었던 내가 외고 입시 시험에 떨어졌을 때 아빠는 어린 나를 향해 날 선 비난을 했다.
"넌 그거 하나 못 붙어? 한심하다. 한심해."
22살에 간신히 들어간 대학을 자퇴하고 나왔을 때 아빠는 처음으로 나에게 손찌검을 했다. 의기양양하게 대학 문을 박차고 나와 남들 다 하는 취업 하나 쉽게 못하고 치는 족족 시험에 떨어지는 나를 보며 아빠는 말이 없어졌다.

모든 것이 끝났지만 정작 갈 곳이 없었다. 관성에 의해 굴러가는 자전거 페달처럼 목적 없이 도서관에 가서 무의미한 시간을 보냈다. 그러던 어느 날 남자친구가 여느 때처럼 밥을 사주며 조심스럽게 이야기를 꺼냈다.

"6월에 9급 공무원 시험 보는 건 어때? 요즘 정원이 늘었대."

어디서 구해왔는지 태블릿을 건넨다. 강의도 미리 사두고 공단기 어플도 깔아놨다. 책도 필요한 게 있으면 사라고 했다.

그렇게 다시 할 일이 생겼다. 행정고시를 준비하던 3년 동안은 한 번도 운 적이 없었는데, 9급 시험을 준비하면서는 매일 울었다.

'내가 이것보다 어려운 행정고시를 3년이나 공부했는데, 그걸 다 포기하고 겨우 이걸 하는 건데, 이게 이렇게 안 풀리면 안 되는 거잖아!'

백 번 틀리면 백 번 울었다. 하루에도 수십 번 통렬하게 내 현실과 수준을 확인했다. 그리고 6개월 만에 시험에 붙었다. 아니, 정확히는 3년 6개월 만에.

나는 내 세상을 깨지 못해서 이곳에 왔다. 그런데 더 작은 알이 되어버린 기분이다.

오랜만에 온라인 카페 구꿈사(9급 공무원을 꿈꾸는 사람들)에 들어가 본다. 아직도 익숙하다. 그들은 2년 전 내가 했던 고민을 똑같이 하고 있다. 정신을 차리고 핸드폰을 엎어 놓고는 작성한 서류를 집어 들어 자리에서 일어난다. 이번 달 현황 보고를 하러 박 계장 자리로 간다.

박 계장은 네이버 부동산으로 매물을 보고 있다가 내가 옆에 오자 급히 화면을 내린다. 나는 고개를 숙이고 보고서를 반듯이 꽂은 결재판을 내민다. 박 계장은 신경질적으로 빨간색 플러스 펜을 잡아들고는 종이에 쫙쫙 선을 긋는다.
"현황은 표로 정리해요. 대처방안은 3번과 4번 내용이 겹치는 것 같지 않나? 적당히 합쳐봐. 그 부분만 고치면 될 것 같은데."
결재판을 탁 접어 다시 나에게 준다. 그리고 돌아서려는 나에게 말한다.
"그리고 내일 출장, 10시에 같이 가죠."
나는 생각한다.
'아, 혼자 가는 줄 알았는데….'
하지만 최대한 반가운 내색을 하며 대답한다.
"넵, 알겠습니다! 감사합니다."

51

다음 날.

아침부터 박 계장 자리에서 계산기 두들기는 소리가 요란하다.

탁! 다다닥타다다탁!

고요한 사무실의 적막을 깬다. 정확히는 매일 아침 9시 반, 오후 3시 반.

팀원들은 같지만 미묘하게 다른 소리에 집중한다. 오늘은 계산기 두드리는 소리가 조금 더 신경질적이다. 슬슬 10시 출장이 걱정된다.

"이 주무관, 안 가요?"

역시 퉁명스럽다. 하한가인 게 분명하다.


나는 조수석에 탄다. 차에서 박 계장 특유의 체취가 물씬 풍긴다. 나는 그 냄새가 싫다. 빨리 운전을 배워야겠다고 생각하면서 창문을 아주 조금 열어둔다.

박 계장이 말을 걸어온다.

"요즘 신규 주무관들은 저축 얼마나 해요?"

할 수 있는 가장 애매모호한 답을 재빨리 꾸며낸다.

"이것저것 생활비로 쓰면 얼마 안 남더라고요."

난 알고 있다. 박 계장은 결코 내 대답이 듣고 싶지 않다는 것을. 역시나 내 말이 끝나자마자 자기 얘기를 시작한다.

"나 때는 월급이 90만 원이었는데 그것도 많이 주는 거라고 했었어. 나 때는 은행 이율이…. 나 때는…."

"아, 네. 네네. 네네네."

나는 '네무새'가 된다.

박 계장은 소심해 보이지만 권위적인 사람이다. 그렇게 중요하지 않은 서류를 볼 때도 결재판에 들고 가지 않으면 처다보지도 않는다. 본인이 잡아야 하는 결재판이 더럽다고 좀 닦아서 가져오라며 혼낸 적도 있다. 어이가 없었지만 그러려니 했다. 세상엔 다양한 종류의 사람들이 있다는 것을 잘 알고 있다. 그렇지만 그는 결혼해서 아내가 있고 아이도 있다. 어떻게 그럴 수가 있었는지 궁금하다. 혹시 거짓말은 아닐까 생각해본다.

그때 우리 팀 7급 허 주무관님이 내 자리로 와서 조용히 말을 건넨다.

"주무관님, 오늘 우리 2팀 고 과장님하고 회식인 거 알지? 예약은 했어?"

당황스럽다. 까맣게 잊고 있었기 때문이다. 급하게 탁상 달력을 확인한다.

오후 5시 30분.

박 계장의 전화가 울린다.

"아 네, 네, 네, 알겠습니다."

고 과장 전화다. 박 계장도 고 과장 앞에서는 네무새일 뿐이다.

"먼저 가 있을게요."

5시 50분이 되자 박 계장이 나간다.

6시가 넘어 우리도 다 같이 회식 장소로 향한다. 우리는 하나같이 표정이 없고 어깨는 처져 있다. 근처 삼겹살 집 문을 열고 들어가니 고 과장과 박 계장은 미리 앉아 있고 우리는 깍듯하게 인사를 한다.

"그래, 앉아 앉아."

모두 식사를 시작한다.

나는 회식이 나쁘지 않다. 내 자리는 사무실에서나 회식 자리에서나 문간이기 때문이다. 게다가 인사철에 고 과장 옆자리와 앞자리는 인기가 많다. 고기가 오늘따라 맛있다. 정신없이 먹다가 고 과장 쪽을 슬쩍 본다. 박 계장이 연신 굽신거리며 고 과장 잔에 술을 따르고 있다. 삐뚤빼뚤한 덧니를 드러내며 활짝 웃는 모습이 기괴하다. 갑자기 고기 맛이 뚝 떨어진다.

1차가 끝나고 어쩌다 2차까지 끌려왔다. 정육점 불빛이 흘러 들어오는 좁은 호프집. 벽에는 야한 여자 사진이 걸려 있고 기본 안주로 나온 뻥튀기는 눅눅하다.

고 과장은 이미 만취 상태다. 얼굴은 술톤이고 눈은 거의 풀려 버렸다. 매일 단정하게 빗겨져 있던 가발은 살짝 돌아가 있다. 고 과장이 머리를 흔들 때마다 흉한 몰골을 보게 될까 봐 조마조마하다.

바로 앞에 내가 앉아 있지만 아마 내일이 되면 내 이름도 기억하지 못할 것 같다. 아니 누가 있었는지 없었는지조차도.

"야! 내가 64년생인데 말이야. 나 때는!"

64년생….

우리 엄마보다 두 살 아래다. 외삼촌과 나이가 같다. 고 과장과 외삼촌의 모습이 오버랩 된다. 외삼촌의 또렷한 눈빛을 떠올리며 고 과장의 눈빛을 관찰해 보려고 하는데 술 때문이 아니더라도 충분히 탁하다. 목소리가 걸걸한 게 금방이라도 가래침을 뱉어야 할 것 같다. 비위가 뒤집힐 것 같아 더 이상의 관찰을 포기한다.

갑자기 고 과장이 부동산 얘기를 꺼낸다. 고 과장은 집값을 올리는 건 집주인들의 알 수 없는 담합 때문이라며 침 튀겨가며 불특정 다수를 향해 분노한다. 그리고 콘크리트와 철근 덩어리를 10억 넘게 주고 살 일이 있냐면서 다들 멍청하다고, 생각이 없다고 혀를 끌끌 찬다.

오, 이런 식의 접근은 처음이다. 나름 신박하다.

점점 정신이 아득해진다. 내일이 금요일이라는 사실이 나에게 내려진 저주 같다.

다음 날.

마지못해 출근해서 키보드를 두들긴다.

오늘 나의 목표는 청첩장 돌리기를 마무리하는 것이다. 결혼 날짜가 정해지고 청첩장이 나온 후로 나는 지금 일주일째 청첩장을 돌리고 있다. 자리에 없는 사람은 안 주면 그만인데 또 이 사람은 줬는데 왜 저 사람은 안 줬냐는 괜한 소리를 들을까 봐 별로 반기지도 않는 내 결혼 소식을 알리기 바쁘다. 청첩장 봉투에 정성스레 이름까지 눌러 적어서 꾸역꾸역 손에 쥐어 준다. 아주 지긋지긋하다. 오늘 안에 꼭 끝내겠다고 다짐한다. 그러던 중 부속실 주무관님에게서 쪽지가 온다.

[부속실] 이서기 주무관님, 지금 청장님 자리에 계십니다. 올라오셔도 될 것 같아요.

기회다.

나는 부리나케 청장실로 뛰어 올라간다.

'휴, 이제 고 과장만 남았다.'

고 과장은 좀처럼 자리에 있질 않는다. 어제 회식 자리에서 줄까도 생각했지만 괜히 주목받고 괜한 질문들을 받는 것이 싫었다. 복무를 확인해 보니 오늘 오후 5시까지 출장이 달려 있다. 일단 그때까지 기다려보기로 한다.


시간이 흘러 4시쯤 내 자리로 전화가 걸려온다.

처음 보는 내선번호다.


001


고 과장이다.


"이서기 주무관? 지금 박 계장이랑 내 자리로 좀 오지?"

당황스럽다. 전화기 너머의 목소리가 싸하다.

부름을 받고 과장실로 가는 길에 박 계장은 계속 안절부절못하며 나에게 묻는다.

"혹시 어제 뭐 실수한 거 있나?"

나는 무슨 일인지 가늠도 안 가서 '아니요, 잘 모르겠습니다'만 반복한다.

과장실 문을 열자 담배 냄새와 은단 냄새가 코를 찌른다. 고 과장은 나와 박 계장이 들어온 것을 분명히 알아차렸는데 아는 척도 안 한다. 나와 박 계장은 두 손을 모으고 벌서는 것처럼 서 있다. 그 짧은 3분이란 시간 동안 어제의 회식 자리가 주마등같이 머릿속을 스친다.

나는 아무 말도 안 했으니 말실수는 아닌데. 혹시 표정 관리를 못 했나? 부동산 얘기를 할 때 살짝 실소를 터뜨렸는데 눈치챈 건가? 별의별 생각을 한다. 3분이 3시간처럼 느껴진다. 계장을 슬쩍 보니 열심히 눈알을 굴리고 있다. 나와 크게 다르지 않다. 고 과장은 그대로 자리에 앉아 눈을 칩떠보며 묻는다.

"이서기 주무관? 맞나?"

"네, 맞습니다."

"언제 입직했지?"

"올해 1월 1일 자로 입직했습니다."

어제 분명 새벽 한 시가 다되도록 같은 공간에 있었는데 이제서야 제대로 된 통성명을 한다. 하필이면 이렇게 벌서는 기분으로.

"근데 결혼한다며?"

"아 네. 제가 안 그래도 청첩장을⋯."

고 과장은 이제껏 본 적 없는 고압적인 목소리와 태도로 내 기어가는 목소리 위에 난데없이 고함을 친다.

"그런데! 내가 왜 그 소식을 다른 과 과장한테 들어야 하지? 청장님도 알고 있는 일을 왜 나는 모르나? 이서기 주무관은 위임 전결 규정도 숙지 안 했나? 박 계장은 부하직원 관리를 이렇게 띄엄띄엄해도 되는 거야!"

이런 전개는 예상도 못했다. 뒤통수를 세게 두들겨 맞은 기분이다. 고 과장의 말인즉슨 오늘 다른 과 과장, 청장과의 점심식사에서 다른 과도 아닌 자기 과의 이서기라는 신규 주무관의 결혼 소식을 처음 들었고, 이에 자신은 매우 당황스러웠으며, 이서기는 계장-과장-청장 순으로 청첩장을 돌렸어야 한다는 것이었다.

결재선을 지키지 않은 채 자신을 뛰어넘고 청장으로 바로 '청첩장 결재'를 올린 것에 분노한 것이었다. 어제의 부동산 썰만큼이나 신박하다.

그리고 억울하다. 억울해서 눈물이 나오려고 하는데 이깟 일로 우는 건 스스로가 용납되지 않아 이를 악문다.

나는 직장에서 처음으로 크게 혼났다. 일을 못해서, 실수를 해서도 아니고 고작 내 청첩장 때문에. 이게 웃을 일인지 화낼 일인지도 모르겠다. 그렇게 한참을 말도 안 되는 궤변을 듣다가 쫓기듯 과장실을 나온다.

박 계장은 신경질적으로 나를 앞서 걷는다. 그러다 휙 돌아서서 나에게 한마디 한다.

"이서기 주무관, 사회생활은 보고가 기본이야. 앞으로 사소한 것도 다 보고하고 진행해. 독단적으로 행동하지 말고. 알겠어?"

화룡점정을 찍는 박 계장.

청첩장을 돌리는 일에 왜 위임 전결 규정과 보고가 필요하며, 그럼 나는 계장, 과장, 청장에게 청첩장을 결재 받아야만 결혼할 수 있는 건가?

내 결혼에 당신들이 대체 무슨 권한이 있는 걸까?

하고 싶은 말이 목구멍까지 차오르지만 나는 하지 않는다. 아니, 할 수가 없다. 이곳은 상식이 통하지 않는 곳 같다. 저들의 뇌 구조와 나의 상식이 다른 것은 내가 어찌할 수 없는 일이다.

내가 어떻게 할 수 없는 일에 대해 가치를 판단하는 것은 시간

낭비다. 이 더러운 기분에 최대한 매몰되지 않는 것이 내가 할 수 있는 최선이다. 그냥 빨리 시간이 흘러서 감정이 무뎌지길 기다린다. 동시에 이 조직에 대한 기대가 점점 사라지는 것을 느낀다.

자리로 돌아와 파티션 밑으로 고개를 처박고 애써 감정을 삭이고 있는데 문자가 온다.

[뤼치아트홀] 신부님, 이번 주 토요일 드레스 투어 유의사항 안내해 드립니다.

타이밍이 기가 막히다.

# 집 샀다며?
# 자가야, 전세야?

결혼하는 날은 비가 부슬부슬 왔다. 드레스를 입고 오들오들 떨고 있는 나의 손을 꼭 잡으며 현우가 속삭였다.

"많이 춥지. 조금만 참아. 이제 곧 끝나."

그날 밤 나는 열이 나고 많이 아팠다. 그 와중에 핸드폰은 계속 울렸다.

　　－ 서기야 비 오면 잘 산대. 행복하게 살아!
　　－ 결혼 축하해!

그렇게 수많은 허들을 넘고 넘어 우리는 결혼했다. 정확히는 결혼식을 해치웠다. 그렇게 현우와 나는 전우가 되었다.

나는 전우라는 말이 싫지 않다. 우리는 처음엔 애틋했지만 이제는 끈끈해졌다. 우리는 대출이라는 공동의 짐을 지었고 공동의 목표가 있다. 더 좋은 집, 방이 3개고 화장실이 2개인 집, 우리의 아이를 키우기 좋은 곳, 입지가 더 좋은 부동산. 이런 것을 얻고 싶다. 그곳에 더 큰 행복이 있을 것만 같다. 우리는 행복하기 위해 끝도 보이지 않는 길을 함께 행군할 것이다.

신혼집으로 들어왔다.

집주인이 되고 보니 생각보다 하자가 많이 보인다. 베란다에 결로와 누수의 흔적이 있다. 현우는 저런 것쯤은 어디에나 있는 것이라고 했다.

층간 소음은 물론 벽간 소음도 있다. 심지어 인터폰 쪽에서 윗집 말소리도 흘러나온다. 현우는 아파트에 산다면 응당 감수해야 하는 것이라고 한다.

정말 거슬리는 것은 따로 있다. 개 짖는 소리다. 매일 밤 10시에서 11시 사이 위층에 사는 목청 좋은 개가 '왕왕왕왕! 깡깡깡깡!' 짖어댄다.

"저건 좀 심하지 않아? 나 저거는 너무 거슬려 못 참겠어. 내일 관리실에 얘기해 볼까?"

"윗집 개가 우리집도 겸사겸사 지켜주는 거잖아."

63

나는 실소가 나온다. 원효대사가 해골 물 마시듯 시원하게 정신 승리를 하는 현우다. 신라시대에 태어났다면 아마 승려가 되지 않았을까. 마치 모든 것을 조건 없이 받아들이기로 한 사람 같다. 그렇게 타협하고 또 타협하면서 나는 30년이 다 되어가는 주공아파트에 적응해 가고 있었다.

갑작스레 터진 코로나19 때문에 우리는 신혼여행을 못 갔다. 식이 끝나고 집으로 돌아와서 우리는 쉬지도 않고 집을 깨끗이 쓸고 닦았다. 닦고 또 닦아도 먼지가 나왔다. 하지만 하나도 힘들거나 피곤하지 않았다.

그렇게 며칠에 걸쳐 대청소를 마친 우리는 식탁에 마주앉아 치킨 한 마리에 캔맥주 한 캔을 나눠 먹으면서 예산을 정리했다.

"이서기 축의금…, 공현우 축의금…. 현금은 이게 다야. 계좌로 들어온 축의금은 이 정도."

모두 합쳐보니 4000만 원이다. 이런 큰 숫자의 돈을 한꺼번에 현금으로 가져보는 건 난생처음이다.

현우가 현금을 정리해 묶으면서 말한다.

"서기 너 가방 하나 사. 일 시작한 지도 1년 다 되어가잖아. 그 정도는 해도 돼."

언제 봐뒀는지 핸드폰으로 미리 캡처해 놓은 사진을 옆으로 넘기며 보여준다. 맘에 드는 것이 있는지 봐보라고 한다.

나는 그것들이 전혀 눈에 들어오지 않았다. 4천이라는 숫자를 확인한 순간 머릿속에서는 벌써 계산이 끝났다.

"대출이… 이걸로 좀 갚으면 얼마가 남지? 아, 중도상환 수수료! 그것까지 넉넉잡으면…."

나는 이런저런 가방을 사는 대신 영혼까지 끌어모아 산 이 집에 저당잡혀 버린 현우와 내 영혼을 아주 조금이나마 되찾아 오기로 했다.


다음 날 아침.

누가 깨우지도 않았는데 눈이 떠진다. 9시가 되자마자 현우와 손잡고 은행에 가서 어제 정리한 현금을 모두 한 계좌에 입금했다.

은행 앞 공원에 나란히 앉아 LH 어플을 켠다.

"숫자 맞지? 다시 한번 확인해 봐. 0이 너무 많아서 헷갈려."

현우와 나는 번갈아 금액을 두어 번 확인하고 버튼을 누른다. 무사히 상환된 건지 대출 잔액을 여러 번 확인하고서 핸드폰을 가방에 넣는다.

나는 현우의 얼굴을 바라보면서 미소 짓는다. 계좌는 다시 텅 비었지만 마음이 알 수 없는 무언가로 꽉 찼다. 항상 표정 없던 내 얼굴에 표정이 생겼다.

"현우야, 우리 떡볶이 먹을까? 우리 맨날 가던 데."

"그래. 가자."

"오늘은 소시지도 추가하자."

"그래, 너 먹고 싶은 것 다 시켜."

우리는 손을 꼭 잡고 같은 길을 걸어간다. 쨍한 햇살이 우리의 머리 위로 떨어진다.


5일간의 짧은 경조사 휴가를 마치고 출근했다.

동기 민지 언니에게 무심코 뱉었던 "집 샀어"라는 말 한마디에, 이 사람 저 사람의 말이 보태고 보태어져서 눈덩이처럼 커져 있었다.

시간이 지나면 사그라들겠지, 그냥 피하자, 생각했지만 그들은 끝없이 스무고개를 걸어왔다. 이 게임의 퀘스트를 깨지 못하면 이번엔 좀 곤란해질 것 같은 강한 예감이 들어 나는 이 게임에 참여하기로 한다.

"자가야? 전세야?"

"어디?"

"몇 평?"

"얼마야?"

"대출은?"

"시댁에선 얼마 해줬어?"

여기서 중요한 건 팩트를 말하되 할 수 있는 최대한 나를, 내 집을 돌려 까야 한다는 것이다. 여기서 쓸데없이 '내가 비록 가진 것 없어 보이고 비루해 보여도 이만큼은 해. 보이지?' 하는 마음으로 무기를 들면 머지않아 그 무기는 나를 겨누게 된다. 나는 이 소리 없는 전쟁에서 무기를 버리고 맨몸으로 투항하기로 한다.

"사긴 샀는데 70퍼센트가 대출이고, 아시다시피 남편이나 저나 공무원이라 합쳐봤자 월급이 얼마 안 돼요. 너무 영끌해서 남들 다 가는 신혼여행도 못 가고 반지 하나 못 맞췄어요. 매달 대출 원리금 갚느라 과일도 못 사먹고 이게 하우스푸어인가 싶어요."

표정을 보니 아직 부족하다.

"아, 그리고 저 상투 잡았어요. 얼마 전엔 5천이나 낮게 거래됐더라고요. 부동산 중개사 말만 믿고 계약했는데 사기당한 기분이에요. 밤마다 불안해서 잠이 안 와요. 요즘 남편이랑도 많이 싸우고요. 일주일에 한 번은 꼭 녹물이 콸콸 나오고 주차장도 비좁아서 차는 맨날 문콕 당하는데 CCTV는 또 띄엄띄엄 있어서 보안도 안 좋고 살아보니 더 후회막심이에요. 그때로 돌아가면 저도 절대 집 안 사고 민지 언니처럼 전세로 들어갔을 거예요."

이제야 다들 좀 흡족한 표정이다.

"그래. 그러니까 누가 이 시국에 그렇게 겁도 없이 집을 사? 그래도 둘 다 공무원이니까 괜찮아~"

나한테는 '겁도 없이 집을 산다'보다는 '겁도 없이 집을 안 산다'라는 문장이 더 자연스럽다. 집값이 빠른 속도로 치솟는 걸 보면 시장에 돈이 어마어마하게 풀리고 있다는 것이, 감당할 수 없는 인플레이션이 다가오고 있다는 것이 느껴지기 때문이다. 힘이 없는 개인은 자신이 끌어모을 수 있는 최대한의 돈으로 실물자산을 사놓아야 최대한의 레버리지를 일으킬 수 있다. 그래야 작게나마 인플레이션을 방어할 수 있다.

수많은 방송, 책, 커뮤니티 카페가 이렇게 말한다. 나는 이 모든 것을 머리로 이해하고 받아들이려고 노력했다. 이해가 안 가면 그냥 외웠다. 20대의 대부분을 수험생으로 보낸 나에게는 크게 어렵지도 않은 일이다. 하지만 이런 훌륭한 이론들을 차치하고라도 나에겐 부동산을 사야만 하는 뼈아픈 이유가 있다.

내게 집중된 사람들의 시선을 겨우겨우 돌리고는 습관적으로 손등에 있는 흉터를 만지작거린다.

초등학교에 입학했을 무렵, 우리가 살고 있던 연립주택에 알수 없는 이유로 불이 났다. 부모님은 일하러 가신 터라 나는 어린 동생을 데리고 어찌어찌 밖으로 나와 불타고 있는 우리집을 멍하니 바라보고 있었다. 아니, 정확히는 우리집이 아니고 우리가 세 들어 살던 집.

동생의 손을 꼭 잡고 불구경을 하고 있는데 엄마가 어디선가 헐레벌떡 뛰어와 우리를 안았다. 우리를 안고 있는 엄마의 어깨가 들썩거렸다.

손등이 아려와서 보니 화상을 입었다. 병원에 와서 치료하는 내내 엄마는 일그러진 얼굴을 하고 부들부들 떨면서 울었다. 나는 의사에게 손을 맡기고 엄마를 계속 봤다.

엄마가 저러다 어떻게 되어버릴까 봐 무서웠다. 그때 어린 나에게 엄마는 내 세상이고 내 하늘이었는데, 내 하늘이 저렇게 약한 모습으로 울고 있는 게 두려웠다. 그날 나는 '하늘이 무너진다'는 감정을 몸소 배웠다.

그날 이후 엄마는 더 악착같이 살았다. 일하던 떡집에서 기술을 배워 가게를 차렸다. 매일 아침 7시에 나가서 저녁 9시가 되어서야 집에 돌아왔다. 쉬는 날이 단 하루도 없었다.


"아무리 그래도 살 집 하나는 있어야 돼."
엄마는 습관처럼 이 말을 입에 달고 살았다.
'아무리 그래도.'
이 말에는 수많은 것이 함축되어 있다.
손이 부르트도록 일해도, 일년 365일 쉬는 날 없이 일해도, 옷 한 벌 신발 한 켤레 못 사도, 그렇게 엄마의 젊음을 몽땅 바쳐서라도….
연립에 불이 난 후 우리 가족은 서울 외곽의 아파트로 이사를 갔다. 부모님은 악착같이 돈을 모아 처음엔 월세로 살기 시작한 집을 전세로 바꾸고, 급히 돈이 필요하다는 외국인 집주인에게 현금 9500만 원을 주고 그 집을 매입했다.
엄마의 희생을 대가로 나는 자라는 동안 많은 것을 누렸다. 내가 20년 동안 살았던 '집'도 그중에 하나다. 우리집은 고 과장이 말했던 단순한 철근과 콘크리트 덩어리가 아니다. 엄마가 나와 동생을 지키기 위해서 평생을 바친 피, 땀, 눈물의 결과다.
나도 엄마처럼 '아무리 그래도' 살 집 하나는 있어야 한다고 생각해서 집을 샀다. 겁이 없어서 집을 산 것이 아니라 겁이 많아서 집을 산 것이다.


부동산.

집.

내가 살았던 집, 내가 살고 있는 집, 내가 살고 싶은 집.

집은 의식주로써 단순한 필요재로 보긴 어려울 것 같다. 오히려 사람들의 강렬한 감정들이 얽히고설킨 복잡한 존재다.

두려움, 욕망, 분노, 질투, 그리고 희망.

때로는 그 감정이 너무나도 깊게 각인되어 고통스럽기까지 하다. 내가 그때의 불타는 연립주택을 떠올리기만 하면 아직도 손등이 아려오는 것처럼.


흉터를 쓰다듬으며 생각에 잠겨 있는데 엄마한테 전화가 온다.

"딸, 오늘 저녁 먹으러 와? 우리 아파트 재건축 안전진단 통과했대! 현수막 붙이고 난리도 아니네."

엄마의 부동산이 희망으로 바뀌는 순간이다.

다음 날, 아침에 터덜터덜 출근하는데 갑자기 엄마가 생각나서 전화를 걸었다.

직장에 들어온 지 1년 6개월이 다 되어가는 내게 드디어 부사

수가 생겼다. 내 사수가 나를 귀찮아할 때마다 그를 미워했는데, 나 없이는 공문에 구두점 하나 제대로 못 찍는 내 후임을 보니 한숨이 절로 나온다. 나는 나쁜 년, 못된 년이라서 힘들 때만 엄마가 보고 싶고 엄마 목소리가 듣고 싶다.

"여보세요?"

"엄마, 나야. 가게 나갔어?"

"나왔지. 출근하니?"

엄마는 20년째 매일같이, 아침 7시 30분에 가게 문을 연다.

"응. 나 버스. 엄마 근데…."

"무슨 일 있어?"

"무슨 일 있지. 나 출근하기 싫어 엄마. 이것도 힘들고 저것도 힘들고, 다 힘들고 재미도 없고 쳇바퀴 도는 것같이 사는 게 싫어. 내가 햄스터도 아니고."

"다들 그렇게 살아."

예상했던 답이다.

"알겠어…. 요즘 장사는 잘돼?"

"안 돼. 어제도 떡 두 팩 팔았어."

"그럼 열 받지 않아?"

엄마가 난데없이 웃음을 터뜨린다.

"아이구."

"왜 웃어?"

"서기야."

"응?"

"인생은 좋은 면만 보려고 노력하면서 사는 거야."

"…."

"장사가 잘될 때는 돈 벌어서 좋고, 장사가 안될 때는 속 편하게 가만 앉아서 졸다가 오면 그것대로 좋고."

"…."

"오늘 끝나고 공 서방이랑 맛있는 거 사 먹고 힐링하고 와."

"돈 없어. 돈 아껴야 해. 돈이 이래서 없고 저래서 없고… 진짜 쥐꼬리 같은 월급, 쓰면 안 돼. 절대."

"서기 너 맨날 얻어먹고만 다녀?"

엄마 말을 듣자, 맨날 밥과 커피를 사주는 우리 팀 허 주무관 님이 생각난다.

"아니 그건 내가 막내니까 당연히…."

"엄마가 그러지 말라고 했잖아. 세상에 당연한 호의는 없는 거야. 베풀지 않고 받으려고만 하고, 꽉 쥐고 있으려고만 하면 돈이 그 놀부 심보를 귀신같이 알아채고 도망가는 법이야."

나는 엄마의 말을 들으면서 떠올린다. 사랑방 같은 엄마의 떡 가게에 그냥 들렀다 가시는 아주머니들과 어르신들을 위해 왕소라 과자, 고구마 과자, 믹스 커피, 과일 주스, 홍삼 캔디 같은 것을 가득가득 채워놓는 엄마를 떠올린다.

"돈이 어떻게 알아 그걸….."

"너 운동장 가서 모래 한 줌 손에 꽉 쥐어봐라. 네가 쥐고 싶은 만큼이나 쥐어지는 줄 아니? 손 틈 사이로 줄줄 빠져나가지? 얻어먹고만 다니지 말고 커피라도 한 잔씩 사고 그래. 응?"

나는 엄마와 에어팟으로 통화하면서 통장 잔고를 확인한다.

[출금가능금액] 62,000원

"뭐 먹고 싶은 거 있어? 엄마가 해줄게."

"음…. 김치볶음밥. 나 오늘 갈까?"

"그래. 니 아빠한테 수박 사오라고 할게."

"응. 끝나고 전화할게."

"그래 우리 딸. 힘내."

전화를 끊고 버스 창밖을 보는데, 선글라스를 끼고 있다가 벗은 것처럼 갑자기 세상이 환해 보인다. 엄마는 그 존재만으로 나에게 빛과 소금이다. 내 인생이 어두울 때 빛을 밝혀주고, 내 인생이 밍밍할 때 소금을 한 꼬집 넣어준다.

엄마의 말처럼 좋은 점만 보려고 노력하고 노력하는 게 인생이다. 동전의 양면처럼 빛과 그림자가 동시에 존재하는 우리네 인생에서, 우리가 할 수 있는 일은 그저 밝은 면, 좋은 면을 보고, 그곳을 향하여 자세를 틀어 내 마음에 열심히 환한 빛을 쏘이는 것이다. 그러면 내 안의 습하고 이끼 낀 우울함은 증발해 없어지겠지.

엄마와 전화를 끊고 잠시 생각에 잠겼다가, 다시금 나의 사수를 생각한다. 그가 군말도 없이 나이가 서른이 다되어 9급 공무원으로 들어온 부사수를 얼마나 업어 키웠던 건지 실감한다. 피곤한 눈으로 기프티콘이라도 보내볼까 찾아보는데 누군가 나에게 아는 척을 한다.

"어머 이서기 주무관님! 이 근처 살아?"

민지 언니와 같은 팀에 있는 7급 이미란 주무관님이다. 나는 얼마 전 전체 회식 자리에서 미란 주무관님을 봤다. 고 과장의 성화에 못 이겨 거나하게 술에 취한 미란 주무관님은 식당에서 '찐이야'를 반주도 없이 불렀다.

"에휴, 신났네 신났어. 마흔이 넘어서 결혼도 안 하고 혼자 무슨 재미로 사나 몰라. 그래도 일은 잘한다고 하더라."

"남편도 없어, 애도 없어. 신경쓸 게 없으니 일이라도 잘해야지 뭐. 안 그래?"

같이 앉은 기혼의 여자 주무관들은 맥주를 홀짝대면서 자신이 가지지 못한 골드미스의 자유를 있는 힘을 다해 폄훼한다.

"이미란 주무관 이번에도 인사팀 자리 노리고 있다던데. 지난번에 한번 트라이했다가 밀렸잖아."

"그래. 이번엔 가야지. 거기 가려고 고 과장 허드렛일만 주구장창 하고 있는데 고 과장도 양심이 있으면 밀어주지 않겠어?"

"아니. 근데 여기가 노래방도 아닌데 식당에서 저렇게 노래를 시켜. 쌍팔년도도 아니고 참."

"내 말이. 시키는 사람이나, 시킨다고 하는 사람이나. 그나저나 노래 진짜 못 들어주겠다."


이미란 주무관님은 20대 중반에 입직해서 누구보다 근면성실하게 일했다. 그러나 결혼을 안 했다는 이유로, 아이가 없다는 이유로, (아이 엄마 주무관들의 말을 빌리자면) 집에 가서 딱히 할 일도 없는 싱글이란 이유로 각종 야근과 외근이 수반되는 고된 업무를 군말 없이 도맡아왔다.

사실 이 조직에서 가장 큰 인사 고충은 아이가 있다는 것이다.

축복 같은 아이가 있다는 것이 왜 고충이 될까? 나도 머지않아 아이를 낳게 되면 내 목숨과 같은 아이를 방패 삼아 이 조직에서 몸을 사려야 하는 날이 올까?

나는 이들과 다르고 싶지만 딱히 다르지도 않을 것이다. 내가 아빠와 다르고 싶지만 점점 아빠를 닮아가는 것처럼.

어쨌든 이미란 주무관님은 개인적인 이유로 임신과 출산이라는 방패를 획득하지 못해서 그 오랜 기간 동안 조직의 모든 화살을 온몸으로 받아왔다.

그래도 이젠 그 끝이 보인다. 이미란 주무관님이 가려는 그 인사팀 자리는 일단 앉기만 하면 빠른 6급 승진이 보장된 자리라고들 한다. 이미란 주무관님의 '찐이야'가 귓가에 맴돌면서 웃음이 나온다. 이 조직에 흔치 않은 인간 비타민 같은 존재다. 보고 있던 핸드폰을 가방에 집어넣고 이런저런 얘기를 하면서 나는 진지하게 고민을 꺼내본다.

77

# 고인물이 얼마나 좋은데

"주무관님, 저는 이번에 자리 이동하고 나서 제 일도 배우면서 후임 일도 같이 해줘야 하니까 조금 버거운 것 같아요. 영혼이 탈탈 털리는 기분이랄까…. 이럴 땐 어떻게 해야 할까요?"

이미란 주무관님은 잠시 골똘히 생각한다. 눈가에 정성스레 바른 아이섀도가 반짝인다. 그러다 반달눈을 만들어 활짝 웃으면서 높은 톤의 목소리로 대답한다.

"근데 일할 때 영혼을 가지고 와? 집에 고이 접어두고 와야지. 어머~ 아직 열정 있어~ 바람직해."

떵언이다.

주무관님은 영혼이 없었기 때문에 노래방도 아닌 식당에서 무반주에 트로트 부르는 게 가능했던 걸까?

감탄하는 동시에 씁쓸한 마음이 든다. 우리 모두가 이곳에 들어오기 위해, 합격할 수만 있다면 영혼이라도 바칠 것처럼 열과 성을 다해 공부했을 텐데. 정작 들어와서는 간이고 쓸개고 영혼이고 모두 없는, 빈 껍데기로 살아야만 겨우 버텨낼 수 있다는 것이 모순처럼 느껴진다. 이게 최선일까?

요즘 읽고 있는 책에서는 부자가 되기 위해선 먼저 자기가 일하는 분야의 전문가부터 되어야 한다고 했다. 그런데 이 조직에서는 일이 익숙해질 만하면 나라는 나사는 누군가의 손에 의해 강제로 뽑혀버린다. 그리고 전혀 다른 구멍에 끼워져 오늘 처음 본 일도 지금 당장 해내라고 강요당한다. 공무원이라는 이름의 나사는 전문가가 될 자격이 애초에 부여되지 않은 것 같다.

또 그 책에선 항상 낙천적이고 적극적인 태도가 기본이라고 했다. 부정적인 감정은 가난한 사람들의 것이라고 했다. 그런데 영혼을 덜어 놓고 일할 수 있느냐가 성공의 척도인 이 직장에서도 그 말이 유효한 걸까? 이렇게 무기력한 태도가 성공의 전제 조건이라면 과연 나에게 발전이 있을까? 나는 부자가 될 수 있을까?

나는 고인물이 되고 싶지 않은데 이곳에서의 모든 상황이 내

게 그렇게 되기를 달콤하게 권유한다. 부자가 못 되어도, 조금
은 가난해도 그럭저럭 살만하다고 속삭인다.

그 와중에 이 가난한 우물을 탈출한 용 이야기도 간간이 들려
온다. 동기들이 모여 있는 단체 카톡방이 떠들썩하다.

> ― 야야 남양주 풍이동 동사무소에 8급 공무원이 이번에 신풍제
> 약에 3억 투자해서 60억 됐대! 완전 의원면직각임.
> ― 힐. 미쳤다. 나 같아도 일하기 싫다 그 정도면.
> ― 근데 종잣돈이 3억이라는 게 클라스 지리는 거 아님? 난 계좌
> 에 300도 없는데.
> ― 아니 3억 있어도 한 종목에 전부 태우기 가능? 야수의 심장
> 오졌다.
> ― 일이나 하자. 오늘 야근각이다.

다들 부러워하는 것 같진 않다. 연말정산으로 30만 원 떼인 건
그렇게 속 쓰려 하면서 60억 부자가 된 동료 이야기에는 별 감
흥이 없다. 이들은, 아니 우리는 이 우물은 절대 나갈 수 없다
고 생각한다. 며칠 전 실제로 있었던 동료 이야기도 그저 어디
선가 전해 내려오는 전설처럼 여긴다.

이렇게 우리는 스스로 가난해지는 쪽을 선택하고 우물을 나갈

방법 같은 건 없다고 생각한다. 오히려 우물을 더 견고히 쌓아 올린다.

나는 핸드폰을 끈다. 그렇게 오늘도 어찌저찌 전쟁 같은 오전 업무가 끝났다. 입맛이 없어 점심을 탕비실 냉장고에 넣어둔 커피 우유로 대충 때우기로 하고 탕비실 문을 연다. 탕비실의 원형 테이블에 이런저런 다양한 음식들이 거하게 차려져 있고 여자 주무관님들이 둘러앉아 젓가락을 놓고 있다. 잘못 들어온 것 같은 느낌에 얼른 냉장고를 열어 커피 우유를 꺼내 탕비실을 나가려는데, 아니나 다를까 한 분이 말을 걸어온다.
"그거 하나 먹어서 돼? 여기 앉아. 먹을 거 많아."
억지로 앉아 주무관님들이 떠준 잡채, 제육볶음, 장아찌, 무말랭이, 멸치볶음을 멍한 표정으로 깨작대고 있는데 오전 출장을 마치고 돌아온 민지 언니가 탕비실로 들어온다.
"안녕하세요, 식사하세요?"
민지 언니의 손에는 샤넬 백이 들려 있고 모든 시선이 일제히 샤넬 로고에 꽂힌다. 잠깐의 정적이 흐른다.
민지 언니가 물을 떠서 탕비실을 나가자마자 본격적으로 숙덕숙덕한다.
"아니 가방이 맨날 바뀌더라니까. 내가 이번 주에 쭉 봤는데

말야. 하루도 겹치질 않아. 샤넬, 구찌, 버버리, 지방시, 프라다
까지 내가 세본 것만 일곱 개도 넘는다니까."

"그니깐. 차도 세 번이나 바꼈잖아. 남편이 수입차 딜러라
더라."

"시댁에 돈이 많나 봐. 차 사줘, 가방 사줘, 집도 전세금 해줬지
아마? 결혼하고 부티가 더 좔좔 흘러!"

"집도 입주한 지 얼마 안 된 신축이래. 정운신도시라나. 둘이
사는데 40평이 웬 말이야."

"아니 그래도 청장이 그랜저 타는데 9급이 벤츠 타고 다녀도
되는 거야? 요즘 사람들 너무 개념이 없어. 90년생들은 다 그
러나?"

민지 언니가 오늘의 도마에 올라 뼈도 안 남도록 썰어지는 동
안 나는 내 차례를 기다렸다. 나이도 비슷하고 결혼도 비슷한
시기에 한 내가 자연스럽게 비교 대상이 될 것을 알고 있기 때
문이다.

"서기 주무관도 이번에 신혼여행 안 갔잖아. 그 돈으로 가방
좀 샀어?"

시작 버튼이 눌렸다.

비교의 결과는 비참해지거나, 아니면 교만해지거나 둘 중 하
나다. 나는 기꺼이 비참해지기를 선택한다.

"아뇨. 저는 대출이 너무 많아서 그럴 엄두도 못 냈어요."

"그래 아직 젊은데 무슨 명품이 필요해. 나중에 사도 되지 뭐."

"그래도 하나 정도는 사지 그랬어. 남편이 그 정도도 안 해줘?"

순간 욱했지만 최대한 웃어넘긴다. 비참해지기로 했으면 바닥까지 비참해 보이는 게 낫다. 중간에 괜히 노선을 변경해서 이들에게 혼선을 주지 않기로 한다.

이들은 점심시간 한 시간 내내 아주 많은 말을 뱉어냈지만 핵심은 한 문장으로 요약할 수 있다.

'내가 지금 여기 있는데 너 따위가 감히 거기에 올라가 있어?'

그들의 높고 낮음의 기준은 명품 가방의 종류, 개수와 가격표다. 사람들 대부분이 '너 고생했으니까 이 정도는 해도 돼' 또는 '나 진짜 힘들었으니까 이 정도는 사도 돼' 하는 보상 심리로 이런저런 로고가 박힌 가죽가방을 산다. 가방을 사는 것이 보상 심리에 의한 것이라면 나는 무엇에 대한 대가를 보상 받아야 하는 것일까.

20대의 대부분을 도서관에 틀어박혀 되지도 않는 공부를 한 것? 그러다 겨우 9급 공무원 시험에 합격한 것? 나이 서른에 이제야 1인분의 역할을 하게 돼서 부모님의 짐을 간신히 덜어

준 것?

나는 아직 명품 가방을 가질 자격이 없다. 지금 나에겐 에코백이 더 어울린다.

아이러니하게도 지금은 이 상황이 그렇게 나쁘지 않다. 이 조직에서 그럭저럭 살아가기 위해서는 행복해 보이기보다는 불쌍해 보이는 편이 훨씬 유리하다.

너무 행복해서 또는 가진 것이 많아서 이들의 질투를 자극하면 종국에는 공격의 대상이 된다. 그들 세상의 평화로운 하향 평준화를 위해서 다 같이 힘을 합해 끌고 내려와야 하는 적폐가 된다. 그렇게 나는 바란 적도 없는 동정을 받고 먹고 싶지도 않았던 이런저런 음식들을 먹고 오후 내내 속이 부대끼고 울렁거렸다. 앞으로 다시는 점심시간에 탕비실을 가지 않겠다고 다짐했다.

오늘 저녁에는 어젯밤 남편이 가져온 양주를 가지고 친정에 가기로 했다.

"현우야, 양주를 왜 사와. 안 그래도 아빠 술 많이 마시는데. 술을 끊게 해야지 되려 갖다 주면 어떡하자는 거야."

현우는 양주를 그럴싸한 종이 가방에 넣으며 말한다.

"서기 너 한 번도 장인어른한테 술 사드린 적 없지? 내일은 네

84

가 샀다고 하고 드려봐. 난 내일 밤에 축구 약속이 있어서."

속이 더부룩한 채로 퇴근시간만 기다리고 있는데 엄마에게서
문자가 온다.

[엄마] 딸 뭐 먹고 싶어? 니 아빠가 하나로마트 가서 앞다리 살
사왔어. 김치랑 볶아줄게. 포도랑 딸기도 있고 한라봉도 있어.

메스꺼운 속을 미지근한 카누로 달래가며 답장을 보낸다.

[이서기] 그냥 시원한 콩나물국 먹고 싶어.
[엄마] 알았어. 아빠한테 콩나물 사오라고 할게.

# 아빠가 행복하면 됐어

퇴근하고 부모님 집에 도착했다. 며칠 새 아파트에 붙여진 현수막이 바뀌었다.

달래아파트 재건축 찬성 동의율 81%

집에 들어가니 엄마는 콩나물국을 끓이고 아빠는 돋보기를 쓰고 열중해서 종잇장을 들여다보고 있다. 신탁동의서 어쩌고 하는 걸 보니 재건축 관련 서류 같다. 서류를 보는 아빠 얼굴이 들떠 보인다.

아빠가 나에게 좀 봐보라고 하지만 나는 기운이 없다. 어차피 난 잘 몰라서 현우에게 물어보겠다고 대충 대답하고 밥을 먹는다. 엄마표 콩나물국을 마시니 이제야 속이 좀 내려간다.

아빠는 퇴직하고 좀 얼굴이 폈다. 바짝 말랐던 얼굴에 살이 좀 붙었다. 나는 양주가 든 종이가방을 무심한 척 아빠에게 준다.

"이거 현우가 아빠 주래."

남편이 시킨 대로 해볼까 했지만 쑥스러워서 도저히 내가 사왔다곤 못했다.

"이게 웬 양주야? 역시 이 집에서 내 맘 알아주는 건 사위밖에 없다니까."

엄마는 쓸데없는 걸 사왔다고 투덜거린다.

"왜 그래 이 사람아! 내가 요즘 공무원 생활도 하고 있는데 우리 사위 양복 하나 해줘야겠네."

아빠는 퇴직 후 실업급여를 받고 있다. 매달 나라에서 급여를 받으니 이 기간 동안은 본인도 공무원이나 다름없다고 좋아한다.


아빠는 모 병원의 원무과에서 평생을 성실하게 일했다. 그러다 정년까지 몇 년 남지 않았던 때, 임금 상한제(임금 피크제)가 생겼다. 임금을 줄이는 대신 정년까지 고용을 보장하겠다는 허울 좋은 제도였다. 하지만 그 제도 때문에 아빠는 평생 일했던 사무직에서 쫓겨나야 했다. 거동도 못 하는 환자들을 병실로 옮기는 노동직으로 좌천되면서 동시에 임금도 15% 삭감한 다는 굴욕적인 계약서에 도장을 찍었다.

그것은 이제 당신 같은 늙은이는 필요 없으니 이만 나가 달라는 무언의 압박이었다. 그 후로 아빠는 점점 말라갔다. 텅 빈 눈으로 소주를 마시는 날이 많아졌다. 가끔 신경질적으로 엄마에게 화를 내기도 했다. 나는 그 모습이 싫었다. 이해할 수 없었다. 괜히 엄마를 괴롭히는 모습이 밉고 못나 보였다.

충치가 점점 심해져 이가 시리던 어느 날이었다. 아빠는 병원에 예약해 놓을 테니 다음 날 오전 11시까지 와서 진료를 받고 가라고 했다. 예약시간에 치료를 받고 엘리베이터를 타고 수납하러 내려갔는데 아빠가 있었다.

아빠는 초록색 작업복을 입고 간이침대 옆에 서 있었다. 나를 보고 조금 당황한 듯 멈춰 섰다가 이내 나에게 말을 건넸다.

"치료 잘 했어? 얼른 집 가서 밥 먹어라."

이때까지 본 적 없는 침울한 얼굴에 눈치를 보는 듯한 눈동자. 꾸깃꾸깃한 초록색 작업복을 입고 수술 침대를 힘없이 끌고 가는 아빠의 뒷모습은 많이 지쳐 보였다. 난 아빠가 평생 미웠는데 그 외로운 뒷모습을 보고선 더이상 미워할 수 없게 됐다. 그날 돌아오는 지하철에서 나는 많이 울었다.

왜 그렇게 어린 나한테 모질었는지, 왜 나에게 끊임없이 부정적인 말만 했는지. 그동안 혼자 벼르고 벼르던 수많은 말들이 아무런 필요도 없어졌다. 아빠가 평생을 바쳐 일한 직장에서 받아야 했던 그 모진 수모는 내가 상상도 할 수 없는 그 이상의 것이었겠지. 회사의 압박과 늙은 직원을 향한 젊은 직원들의 눈총, 그 수모를 온몸으로 견뎌내면서 아빠는 꿋꿋이 정년을 채웠다. 나는 그날 본 아빠의 모습을 초라했다고 말하고 싶지 않다. 아빠는 아빠의 방식으로 최선을 다했다.

술을 따라 마시면서 아빠는 간만에 행복한 얼굴을 한다. 머리가 더 희어지고 덩치는 더 왜소해진 아빠의 모습을 한참 바라본다.
"아빠 행복해? 내가 술 가져와서?"
"그럼 행복하지. 나중에 나 죽으면 내 제사상에는 다른 것 필요 없어. 소주 한 병, 막걸리 한 병, 우리 사위가 사온 이 양주 한 병 올려줘라."
아빠는 아이처럼 수줍게 웃는다.
난 아빠의 건강이 걱정돼서 평소처럼 잔소리를 하려다가 오늘은 그만둔다.
"그래. 아빠가 행복하면 됐지."

그렇게 난 아빠를 이해하고 소리 없는 화해를 하면서 어른이
되어가고 있었다.

집에 돌아와서 엄마가 싸준 반찬들을 정리하고 있는데 남편이
들어와 넌지시 묻는다.
"오늘 잘 갔다 왔어? 술 드렸어?"
"응. 아빠가 좋아하더라."
"잘했어. 이제 니가 직접 종종 사다 드려. 가끔은 괜찮아."
그날은 평소보다 일찍 잠들었다. 불면증에 시달리던 나는 간
만에 한 번도 깨지 않고 깊은 잠을 잤다.

다음 날.
언제나처럼 출근했는데 아침부터 사무실 분위기가 아주 어수
선하다.
모두가 몇 달을 발을 동동 구르며 공들이고 고대하던 인사 발
령 공문이 내려온 것이다. 나는 이번 인사 발령과 아무런 관계
가 없었지만 얼른 자리에 앉아 왠지 모르게 들뜬 기분으로 공
문을 열어본다.
'이게 뭐지? 허 주무관님이 왜?'

# 초보 아빠 그리고 골드미스

교육지원과 2팀으로 발령받은 첫날부터 1년 6개월이 지난 지금까지 허 주무관님은 특유의 인자한 배려로 나를 챙겨주었다. 그런데 유일하게 이 팀에서 의지하고 있었던 허 주무관님이 힘들기로 악명 높은 동사무소로 발령난 것이다.

허 주무관님은 내 짧은 공무원 생활에서 유일한 롤모델이었다. 허 주무관님은 복무하는 동안 단 1분도 어기지 않고 일했다. 민원인에게는 언제나 친절하고 정중하다. 하지만 그렇다고 해서 과한 친절을 베풀지도 않으면서 불필요한 말도 하지 않는다. 점심을 먹고 나서는 단 10분이라도 책을 읽는다. 적어도 한 달에 한 권을 읽는 게 목표라고 했다. 그가 요즘 읽는 책 이름은 『초보아빠 육아사전』이다. 얼마 전 보물 같은 딸을 얻었기 때문이다. 점심 먹을 때 식당에서 뜬금없이 열무김치를 사기도 했다. 이유는 아내가 열무김치를 좋아해서다. 검정 비닐봉지를 들고 아내와 통화하면서 걸어가는 뒷모습이 멋있다고 생각했다.

옷은 언제나 깔끔하게 다려 입고, 퇴근 후에는 매일 헬스를 하며 몸을 관리한다. 업무시간에 좀처럼 잡담은 안 하지만 공익요원들이 오면 커피를 사주면서 즐겁게 운동 이야기를 한다. 그래서 공익요원들은 허 주무관님을 형처럼 따른다.

나는 내가 공무원으로 오래 일하게 된다면 저런 모습이 되고 싶다고 생각했다.


공문을 보자 허탈한 감정이 밀려온다. 얼마 전 허 주무관님과 우리 팀 공익요원 동민 씨와 같이 먹었던 점심식사 장면이 떠오른다.

짜장면이 한 그릇 먼저 나오자 허 주무관님은 그릇을 들어 동민 씨 앞에 놓는다. 동민 씨는 멋쩍은 듯 말한다.

"아닙니다. 주무관님 먼저 드세요. 저는 좀 이따 먹어도 돼요."

"아니야~ 이 집은 뒤에 나오는 게 더 양이 많아."

허 주무관님의 배려에는 재치가 있다. 우리는 피식 웃는다.

짜장면을 먹다가 허 주무관님에게 질문한다.

"주무관님도 이제 더 좋은 곳으로 가실 때 되지 않으셨어요? 다들 고 과장님 찾아가서 많이 어필하던데 주무관님은 아직 안 나가시는 거예요?"

"나도 나갈 때가 됐지. 이제 우리 딸내미 생각해서 좀 편한데 가면 좋긴 하지. 근데 난 한 번도 인사철에 인사권자 찾아가서 이런저런 말한 적은 없어. 더 힘든 사람들 자리 뺏는 건가 싶기도 해서. 내가 만약에 과장님 찾아가서 좋은 자리로 보내달라고 했으면 이 팀에서 서기 주무관 못 만났지 아마~"

"맞아요. 저는 주무관님 계셔서 정말 좋았죠. 근데 주무관님 여기서 고생 진짜 많이 하셨잖아요. 다음 번엔 꼭 더 좋은 자리 가셔야 하는데. 과장님도 주무관님 고생하신 거 다 아실 테니까 아마 좋은 자리로 가실 거예요."

하지만 고 과장은 자기가 보고 싶은 것만 보고, 듣고 싶은 것만 듣는 사람이다. 자기가 관리하는 나사들이 어떤 상태인지 먼저 들여다보는 사람이 아니다. 어떤 나사든 그 나사가 압박을 견디지 못해 부서져 버리기 직전에 부랴부랴 바꾸거나 더 예쁜 짓, 맘에 드는 말만 골라 하는 자기와 닮은 나사를 데려와 꽂았다. 허 주무관님은 그 힘듦을 외부로 표현하는 법이 없으므로 아직은 더 버틸 만한 나사라고 판단되어 나사의 희생을 좀 더 강요하는 기계로, 억지로 옮겨갔다.

나는 허 주무관님을 인간적으로 좋아하지만 그처럼 이 조직에서 희생을 도맡고 싶진 않다. 그렇다면 나도 인사철만 되면 과장을 찾아가 얼굴에 철면피를 깔고 아주 조그마한 힘듦을 크게 부풀려서 눈물로 읍소해야 하나. 그런 연기력이 없다면 술 좋아하는 고 과장의 회식을 따라다니며 먹지도 못하는 술을 마시면서 비위를 맞춰야 하는 건가.

갑자기 지난 전체 회식이 떠오르면서 미란 주무관님의 거취가 궁금해졌다. 스크롤을 내려보는데 그때 미란 주무관님과 같은 팀에 있는 민지 언니에게 메시지가 온다.

[민지 언니] 서기야 대박대박. 이미란 주무관님 대정3동 주민센터 발령 남. 고 과장이 인사팀엔 절대 여자 안 된다고 난리를 쳤다나 봐. 미란 주무관님 팽 당하고 김 주사님이 오셨어.

이번엔 결혼을 안 해서, 아이가 없어서가 아니라 '여자라서'란다. 이미란 주무관님이 아무리 용을 써도 갈 수 없었던 그 자리에 단번에 앉아버린 김 주무관은 이미란 주무관님의 동기다.

김 주무관은 경기도 외곽에 사는 고 과장과 같은 아파트 단지에 살고 술을 좋아한다. 해롱거리는 고 과장을 항상 집에 데려다주며 고 과장의 의전을 도맡아 했다.

고 과장의 부동산 폭락설에 격하게 동조했고, 전세에 살면서 그 이론을 몸소 실천하고 있었다. 고 과장과 김 주무관의 유대 관계는 생각보다 끈끈해 보였다.

모두 알고 있다. 이미란 주무관님이 '여자라서 안 된다'는 것조차 표면적인 이유일 뿐이라는 것을.

고 과장은 그냥 자기와 닮아가는 기특한 나사를 데려온 것이다. 그렇게 고 과장은 잠재적 고 과장을 끊임없이 양산하고 있었다.


민지 언니에게 최대한 중립적인 단어를 조합해서 답장을 보내려 하는데 후임이 쭈뼛쭈뼛 말을 걸어온다.

"저, 주무관님. 오늘 송별회 참석 여부를 취합하고 있는데요, 주무관님 가시나요?"

나는 파티션 위로 빼꼼 고개를 들어 허 주무관님 자리를 본다. 자리에 계시지 않는다.

"혹시 허 주무관님도 가세요?"

"네. 간다고 하셨어요."

"그럼 저도 갈게요. 감사합니다."

업무시간 내내 사무실 분위기는 축 처져 있는데 오늘따라 박 계장이 말을 많이 한다. 주로 허 주무관님의 인사이동에 관한 훈수다.

"그 주민센터, 5년 전에 내 동기가 있었는데 크게 나쁘지 않대요. 주민들이 좀 드세다고는 하는데 그건 어디나 그렇지 뭐. 대민업무는 다 비슷하잖아. 안 그래?"

굳이 안 해도 되는 말을 그동안 연락도 안 하던 자기 동기 누구누구에게 전화까지 해가면서까지 정성스럽게 하고 있다. 그 모습이 왠지 신나 보인다. 강 건너 불구경을 하는 게 저런 모습일까. 활활 타오르는 불구덩이를 보면서 희열을 느끼는 것 같아 보이는 건 나의 착각일까.

점심시간에 탕비실에서 허 주무관님 사례 같은 인사이동은 흔치는 않은 일이며, 이렇게 된 데에는 박 계장의 무능함도 하나의 원인일 수 있다는 이야기를 들었다.

"박 계장 지금 그 자리에서 도대체 몇 년째야? 인사팀에서도 그 사람 내신서 쓰기만 기다리고 있다던데. 나간다고 하면 아무도 안 붙잡을 거라 그러더라."

"그니까. 자기도 알 텐데. 알면서도 모른 척 뭉개고 있는 거지 뭐. 그 자리 솔직히 있는 듯 없는 듯 시간 보내기 좋잖아. 고 과장이 특별히 신경 쓰는 팀도 아니고."

"다른 팀 계장은 자기 팀원 어떻게든 좋은 데 보내주려고 여기저기 연락도 해보고 고 과장한테 한 번이라도 더 가서 알랑방귀 뀌고 그러더만. 박 계장은 뭐 그러든지 말든지 신경 안 쓰는 것 같던데."

"에휴. 자기 코가 석 자인 사람이 누굴 챙기겠어? 고 과장도 박 계장 은근 싫어하더만. 박 계장처럼 얍삽한 스타일 딱 싫어해. 그 팀도 불쌍하다. 계장이 그 모양이니 과장한테 괜히 미움이 나 사지."

한참을 오늘의 물고기인 박 계장을 썰다가 나를 의식하고는 멋쩍은 듯 말한다.

"그니까 서기 주무관도 기회 봐서 얼른 그 팀 나와. 거기서 개고생해봤자 아무도 알아주지도 않아."

어차피 누가 알아줬으면 해서 일을 하는 것도 아니고, 월급이 200만 원도 채 되지 않지만, 어쨌든 나는 1인분의 몫을 해내기 위해 이곳에 있다.

의도치 않았지만 나는 이래저래 이 조직에서 불쌍한 역할인 것 같다. 어찌저찌 어수선한 일과를 보내고 송별회가 열리는 식당으로 향한다.

우리는 평소처럼 한 테이블에 앉는다. 이렇게 모여 앉는 것은 아마 마지막일 것이다. 허 주무관님은 늘 하던 대로 팀원들의 숟가락 젓가락을 놓아주고는 팔을 걷어붙이고 고기를 굽는다. 후임이 어쩔 줄 몰라 하며 손사래 친다.

"아, 주무관님 제가 할게요! 주세요."

"아니야~ 나 고기 못 굽는 거 싫어해. 여기서 내가 제일 잘 구워."

허 주무관님의 재치 있는 배려도 오늘이 마지막이라고 생각하니 마음이 무겁다. 우리는 허 주무관님이 구워주는 고기를 우걱우걱 먹는다. 오늘따라 고기가 질기다.

식사하면서 인사이동에 관한 이야기나 어쭙잖은 위로 같은 건 하지 않는다. 아니 감히 할 수가 없다.

"동민 씨, 제대 얼마 안 남았지? 열공하고! 나는 동민 씨 같이 열심히 하는 공익요원은 본 적이 없어. 왠지 한 번에 합격할 것 같아."

우리 팀 공익요원 동민 씨는 9급 공무원 시험을 준비하고 있다.

"서기 주무관님은 지금처럼 하면 돼요. 한 귀로 듣고 한 귀로 잘 흘리는 스타일이지? 동료들한테 의지하지도 않는 것 같고. 주무관님 같은 성격이 일하기 좋아. 우리 막내 주무관님은 선임한테 잘 배우시면 되고~ 짠 합시다!"

허 주무관님의 잔에는 사이다가 채워진다. 그렇게 짠을 외치고 사이다를 마시면서 고기를 굽는 허 주무관님을 본다.

"주무관님도 가신 곳에서 행복하셔야 돼요."

나는 무슨 말을 해야 할지 몰라서 일단 아무 말이나 한다.

허 주무관님은 웃음을 터뜨리면서 말한다.

"행복하지 않아도 행복해야지~ 우리 연우가 있는데."

연우는 허 주무관님의 딸 이름이다.

나는 이 순간 박 계장이 어디서 뭘 하고 있는지 보려고 주위를 두리번거린다. 박 계장은 팀장, 계장, 과장이 모여 있는 상석 테이블 귀퉁이에 끼어 앉아 열심히 맞장구를 치고 있다.

박 계장은 전체 회식이 있을 때 단 한 번도 우리와 같은 자리에 앉은 적이 없다. 아무리 귀퉁이 자리여도 꼭 그 테이블에 앉아서 먹어야 직성이 풀리는 듯 했다.

박 계장은 자신도 한때 올챙이였다는 사실을 잊었다. 날 때부터 개구리였다는 듯이 보이지 않는 그들만의 우물 안에서 행복해한다. 꼭 오늘까지 저래야 하는 것일까, 환멸감이 몰려오는 그때 이미란 주무관님이 마이크를 잡고 일어나 이별의 멘트를 시작한다. 몇 달 전 술에 취해 '찐이야'를 부르던 바로 그 자리에서.

"안녕하세요~ 행정지원과 주무관 이미란입니다! 그동안 부족했지만 여러분과 함께 일할 수 있어서 정말 행복했습니다! 저는 떠나지만 부디 저를 잊지 말아주세요~!"

오늘따라 한층 더 높은 목소리 톤과 지나치게 밝은 표정이다. 모두들 박수를 치는데 나는 그 모습이 왠지 슬퍼 보여서 도저히 박수를 칠 수가 없다.

그러는 동안 고 과장은 이미란 주무관님을 향한 박수 소리를 배경 삼아 자기가 꽂은 김 주무관을 상석으로 데리고 가서 계장, 팀장들에게 인사를 시킨다. 오늘따라 김 주무관님과 고 과장의 얼굴에 개기름이 좔좔 흐른다. 활짝 웃어 도드라지는 광대뼈에는 욕심이 덕지덕지 붙어 있다. 같은 공간에서 극단적인 희비가 교차한다. 누군가의 실망과 고통이 누군가의 기쁨이 되고 기회가 되는 장면이다. 나는 술을 좋아하지도 않는데 갑자기 술이 마시고 싶다.


허 주무관님은 평소처럼 시계를 내려다본다. 배경화면은 아내와 딸 사진이다. 시간을 확인해 보니 7시가 조금 넘었다. 허 주무관님은 주섬주섬 짐을 챙겨 일어난다.

"주무관님, 벌써 가시게요?"

나는 아쉬운 표정으로 허 주무관님을 올려 보다가 자리에서 일어난다. 오늘만은 좀 늦게 가셨으면 좋겠다고 생각했다. 왠지 이런 사람은 앞으로 영원히 만날 수 없을 것처럼 느껴져서다. 내가 일어나자 동민 씨와 후임도 일어난다.

"왜 이래~ 앉아 앉아. 이거 마지막 아니야. 돌아 돌아 다시 만나게 되어 있어."

사실 허 주무관님은 그동안 회식에 거의 참여하지 않았다. 참석하더라도 7시에는 칼같이 일어났다. 얼마 전 고 과장과의 회식 자리에서 고 과장은 마주 앉은 허 주무관님에게 말했다.

"허 주무관, 물이 너무 깨끗하면 고기가 살 수 없는 법이야."

허 주무관님은 잠깐 멈칫한다. 하지만 이내 못 알아들은 척 허허 실실하면서 원래 자기의 업무인 양 고기만 굽는다. 그러다 7시가 되자 어김없이 자리에서 일어난다.

고 과장은 부하직원이 먼저 회식 자리를 뜨는 것을 절대 용납치 않는다. 평소 같으면 가려고 애를 쓸수록 더욱 곤란하게 술을 권해서 기어코 자리에 앉혔겠지만, 그날은 일어나는 허 주무관님을 보고도 붙잡지 않았다. 그렇다고 잘 가라는 말도 한마디 하지 않았다. 고까운 눈으로 허 주무관님을 한번 쳐다보고는 일부러 옆자리 직원에게 친한 척 말을 걸었다. 어쩌면 그 순간 허 주무관님의 발령이 결정난 건지도 모르겠다.

오늘도 때가 되어 일어난 허 주무관님은 상석으로 가서 박 계장에게 밝은 얼굴로 인사를 한다. 박 계장은 아주 정신이 없어 보인다. 허 주무관님에게 성의 없는 눈인사만 건네고는 바로 고개를 돌린다. 뭔지 모르겠지만 아주 대단한, 계장들만의 비밀 이야기를 조금이라도 놓칠까 봐 절대 돌아보지 않는다.

우리는 허 주무관님을 밖까지 배웅했다. 동민 씨가 허 주무관님의 뒷모습을 멍하니 지켜본다. 뭔가 중요한 것을 잃어버린 사람 같다.

고 과장의 말대로 허 주무관님의 어항에 물을 흐리는 물고기는 없다. 아니, 절대 없어야 한다. 어항 속엔 허 주무관님의 전부인 작고 소중한 아기 물고기가 살고 있기 때문이다. 자신의 온전한 행복이 있는 어항으로 돌아가는 허 주무관님의 뒷모습은 꽤 좋아 보인다. 적어도 이 식당에서 다 같이 뒤엉켜 물인지 흙인지 분간 못하고 몸부림치고 있는 미꾸라지들보다는 행복해 보인다.

식당으로 돌아와 자리에 앉았다. 고개를 들어 다시 이 공간을 둘러본다. 다들 시끌벅적하게 침을 튀기며 떠들고 있다. 이번 인사이동으로 누구는 아쉬워하고 누구는 안도하고 누구는 기뻐하며 누구는 그냥 가십이 즐겁다.

고기 굽는 연기에 식당이 뿌옇다. 고기 냄새, 김치 냄새, 된장 냄새, 술 냄새, 여러 가지 냄새가 뒤엉켜 내 들숨이 된다. 그 냄새는 다시 날숨이 되고 여러 번 뒤섞이며 내 온몸에 빈틈없이 스며든다.

나도 이 사람들과 같은 냄새를 공유하고 있다. 나 또한 이 많은 미꾸라지 중 한 마리다. 그런데 보통의 미꾸라지들에겐 자연스러운 몸부림이 아직 난 어색하다. 익숙해질 만도 한데 아직도 생소하다.

다시 상사, 동료, 선배, 후배들을 똑바로 본다. 이곳엔 3년 후, 5년 후, 10년 후의 내 모습이 있다. 저 모습들은 내가 원했던 미래의 내 모습이 아니다. 내가 뭘 원하는지 잘 모르겠지만 적어도 저런 모습은 아니다.

나는 이곳에 내 인생의 정답이 있다고 생각했다. 이제는 꼬이고 꼬인 내 인생의 문제를 모두 풀었다고 기뻐했다. 하지만 그것은 실패를 거듭해 너무 지쳐 있었던 내게 잠시 보였던 신기루에 지나지 않았다. 그 신기루가 연기처럼 사라진 지금 눈앞에 있는 현실은 좀처럼 받아들이기가 어렵다. 인정하기가 힘들다. 이상과 현실의 괴리가 큰 인간은 삶이 괴롭다.

가장 중요한 건 내가 꿈꾸던 이상이 무엇이었는지 이제는 잘 기억이 안 난다는 것이다. 너무나 선명해서 조금만 더 손을 뻗

으면, 조금만 더 노력하면 도달할 것 같았던 나의 이상이 이제
는 흐릿하다. 아니, 원래 그런 것이 내게 있긴 했나 싶다. 어떻
게 살아야 하는지 얼마나 노력해야 하는지 끊임없이 스스로에
게 의문을 던지던 나는 이제 없다.

나는 질문하는 법을 잊었다.
목표를 잃었다.
그리고 길을 잃었다.

시계를 확인하니 시간이 꽤 지났다. 다들 취해서 눈동자가 흐
릿하다. 처음엔 경계를 짓고 앉아 있던 사람들이 이젠 한 덩어
리가 되었다. 지금이 집에 갈 타이밍이다.
에코백의 부피를 줄여 손에 꾸깃꾸깃 쥐고서 화장실 가는 척
식당을 빠르게 나온다. 지하철을 타야 되는데 몸에 밴 고기 냄
새가 신경 쓰인다. 쿵쿵거리면서 지하철에 탔는데 이미란 주
무관님이 앞에 서 있다.

# 정답은 회사 밖에 있는 법이야

"주무관님, 이제 나왔어?"

"아 네. 오늘은 일찍 나오셨네요?"

"응. 내일 일찍 인수인계 받으러 가야 되서 좀 일찍 나왔지."

오늘 이미란 주무관님의 모습은 평소와 다르게 차분하다. 조금 전 식당에서 마이크를 들고 있던 모습과 대조된다.

나는 무슨 말이라도 좀 해서 위로가 되고 싶어 말을 건넨다.

"주무관님은 베테랑이시니까 어디서든 잘 하실 거예요."

잠시 정적이 흐른 뒤 이미란 주무관님이 혼잣말처럼 중얼거린다.

"… 나도 하기 싫어."

"네?"

혹시 잘못 들었나 싶어 이미란 주무관님을 보면서 되묻는다. 이미란 주무관님은 입가에 아주 옅은 미소를 짓는다. 하지만 평소처럼 활짝 웃지는 않는다.

그때 난 마치 연극을 하는 듯한 눈웃음에 가려져 있던 이미란 주무관님 본연의 눈동자를 보았다.

"남들이 하기 싫은 건 나도 하기 싫다고."

"그렇죠…. 누구나 그렇죠…."

나는 당황스럽다. 이런 모습은 그동안 본 적 없기 때문이다. 이미란 주무관님은 허공을 보며 말을 이어간다.

"마음은 아주 하기 싫어서 딱 지옥 같은데 나도 모르게 몸이 움직이고 있는 게 조직생활이야. 그러니 좀이라도 덜 괴로우려면 영혼은 집에 두고 와야지. 안 그래?"

그녀는 이내 내 눈을 똑바로 응시하면서 이어 말한다.

"직장에서 내가 원하는 나는 없어. 남들이 원하는 내가 있겠지. 그러니까 주무관님도 주무관님이 원하는 답을 이 조직 안에서 찾으면 안 돼. 세상의 정답은 밖에 있는 법이야."


생각해 보면 직장에서 이미란 주무관님은 언제나 잔뜩 업 돼 있었다. 어딘가 모르게 항상 붕 떠 있어서 땅에 발을 딛지 못하는 것처럼 보이기도 했다.

그런데 지금 이 순간엔 너무나 침착하고 냉정하다. 목소리는 한층 무겁게 가라앉았다. 하회탈처럼 활짝 웃는 표정 대신 옅은 미소를 띠고 생각에 잠긴 눈동자. 가면을 벗은 주사님의 얼굴이 그 어느 때보다 자연스럽다. 지금 이미란 주무관님은 두 발을 똑바로 디디고 서 있다. 본인이 말한 것처럼 '안'이 아니라 '밖'에서.

이미란 주무관님은 다시 눈웃음을 지으며 말한다.
"근데 시간이 좀 늦었네. 내려서 어떻게 가?"
"남편이 역으로 나온다고 해서요."
대답하면서 괜히 사실대로 말했나 싶다.
"어머 신혼이다, 신혼! 결혼한 지 얼마나 됐지? 거의 1년 되어 가나?"
"네네, 그 정도 되어가네요."
내가 결혼한 지 벌써 1년이 되었다니 새삼 믿기지 않는다.
"근데 서기 주무관 결혼하고 표정 많이 편안해진 거 알아?"
"제가요?"
"응. 처음에 들어왔을 땐 뭐랄까. 누가 억지로 끌고 온 사람처럼 좀… 울상이었잖아~ 호호호."

울상.

나는 숨긴다고 숨겼는데 숨겨지는 게 아니었나 보다.

"나 이제 내려야 된다! 주무관님 언제 한번 주민센터 놀러와. 내가 커피 살게. 조심히 가~."

이미란 주무관님은 그렇게 자신만의 정답이 있는 곳으로 힘차게 걸어갔다.

이미란 주무관님의 뒷모습을 열차가 출발해서 보이지 않을 때까지 지켜본다. 그 모습이 굳건해 보인다. 영혼이 있고 없고는 더 이상 따져 물을 게 아니다. 어쨌든 주무관님은 주어진 현실 속에서 굳건하게 자리를 지킬 것이다.

가끔은 비가 내리고 바람도 불겠지만 그 정도로 쓰러질 만큼 뿌리가 약하지 않다. 주무관님의 고통을 거름 삼고 눈물을 먹고 자란 나무는 더 푸르른 나무가 되고, 십몇 년을 한결같은 성실함으로 지은 농사의 결과물은 차마 그 값을 매길 수 없을 것이다. 거름은 냄새가 고약할수록 나무에게 도움이 된다. 주무관님은 이번의 고통을 더 비옥한 거름으로 삼을 것이다.

나는 오늘 작은 정답을 찾은 것 같다.

핸드폰에 비친 내 얼굴을 살펴본다.

울상인지 아닌지 확인해 본다.

2부

## "돈이 없어도
## 집은 사야지"

# 그래서 니 연봉이 얼마야?

[소라] 얘들아 이번 주 토요일 알지?

고등학교 친구 소라가 다음 달 결혼을 한다. 청첩장 모임을 하기로 했다.

[여정] 와, 우리 진짜 오랜만이다. 맛있는 거 먹자.
[소라] 그래 그래 뭐 먹고 싶어? 참, 나 신혼집 계약했는데 우리 집에서 보는 거 어때?

소라가 신혼집 주소를 단톡방에 올린다. 나는 반사적으로 지도를 누른다.

서울특별시 용산구 이태원동

이태원이다.

20대 중반에 나는 많이 방황했다. 삼수 끝에 들어간 대학에서
도 잘 적응하지 못했다. 동기든 선배든 처음에는 잘 지내는 것
같다가도 내 나이를 듣고 나면 좀 불편해 했다.

내가 출발선에서 출발하지 못하고 머뭇거리는 사이 고등학교
친구들은 저 앞으로 달아나서 이젠 내 시야에서 한참 벗어나
있었다. 대부분 치열하게 취업 준비를 하거나, 대학원에 들어
가 공부를 더 하거나, 갓 입사해 정신이 없었다. 친구들은 이미
당장 눈앞에 허들을 힘겹게 넘고 있으면서도 무엇인가를 반드
시 쟁취하기 위해 앞만 보고 달리는 경주마가 되어 있었다.

나도 달리고 싶었다. 하지만 달릴 준비가 된 말만이 경주에 참
가할 수 있었다. 나는 준비가 안 됐다. 그것도 아주 한참 부족
했다. 그때 나에게 없었던 것은 실력이었을까, 기회였을까, 아
님 둘 다였을까.

정답이 무엇이든 나는 이곳에서나 저곳에서나 겉돌았다. 어느
한 군데에도 흡수되지 못하는 위태로운 주변인이었다.

그때쯤이었나 나처럼 낮에 여유롭고 밤에 심심하고 당장에 이루고 싶은 것이 딱히 없는 친구 소라와 자주 만났다.

소라는 고등학교 동창이다. 20살에 외국계 기업의 비서로 취업했다. 나는 재수학원에 틀어박혀 있고 다른 친구들은 열심히 대학 생활을 즐기던 그 시기에 누구보다 먼저 취직해서 돈을 벌었다. 내가 대학교 2학년이 되던 해 소라는 벌써 4년차 직장인이 되었다.

그때 내 눈엔 소라가 제일 예뻤다. 하늘거리는 블라우스에 몸매가 드러나는 스커트를 입고 일하는 모습이 멋있었다. 헤어 스타일은 항상 단정한 듯 세련됐다. 주기적으로 미용실에 가서 두피 케어를 받고 에스테틱 숍에서 피부관리를 받았다. 한 번에 10만 원이 넘는 네일 아트를 매주 기분에 따라 색깔별로 받았다.

무엇보다 사고 싶은 것, 먹고 싶은 것들을 돈 걱정 안 하고 당연한 듯 사는 게 쿨해 보였다. 그때 나는 매달 엄마에게 용돈 50만 원을 받아 생활했다. 지금 생각해도 50만 원은 적은 돈이 아닌데 2주만 지나면 어디에 쓴 건지도 모르게 금세 돈에 쪼들렸다. 커피 한 잔, 편의점 도시락 하나 사 먹는 데에도 몇 번을 고민하는 내 모습과 소라는 많이 달랐다.

소라는 그즈음 다른 회사에서 이직 제의를 받았다. 소라는 어릴 적 유학 경험 덕분에 외국어 회화가 유창했다. 외모도 훌륭하고 일머리가 있어서 그 업계에서 평판이 아주 좋았다. 그래서 더 좋은 복지에 연봉도 높게 받는 조건으로 이직을 결정하고 6개월간 쉬는 시간을 가지게 되었다. 그 기간에 소라는 심심할 때마다 먼저 연락했다.

[소라] 뭐 해?
[이서기] 나 오늘 학교. 수업 듣는 중.
[소라] 언제 끝나?
[이서기] 5시쯤?
[소라] 그럼 끝나고 이태원으로 와. 놀자.

그때 자주 가던 곳이 이태원이었다. 그곳에는 내가 처음 보는 새로운 것들이 많았다. 거리엔 외국인이 많고 색다른 분위기의 술집, 드라마에서 많이 본 힙한 옷을 입은 여자들, 딱 봐도 비싸 보이는 수트를 걸친 젊은 남자들, 무엇보다 자유로움이 있었다. 항상 경직된 생활을 하던 나는 처음 접한 그 자유의 느낌에 걷잡을 수 없이 빠져들었다.

나는 그때 이태원에서 내가 아주 충동적인 사람이라는 것을 처음으로 알게 됐다. 밤이 깊어질수록 더 많이 술을 마시고 모

르는 사람들과 어울려 놀았다. 술에 취해서 흔들거리는 이태
원의 밤거리가 좋았다. 그 순간만큼은 나도 그 장면의 일부라
는 것이 좋았다. 그렇지만 그 자유는 잠깐 반짝하는 불빛 같아
서 눈 깜빡하는 사이에 사라지곤 했다.

집에 돌아오는 택시 안에서 나는 매번 홀로 너덜너덜해진 기
분이었다. 사실 뭔가 채우고 싶어 그곳에 갔던 거였는데 항상
더 텅 비어버린 채로 집으로 돌아와 아무렇게나 쓰러져 잤다.

내가 그런 생활을 하는 것을 또 다른 고등학교 동창 여정이도
알고 있었다. 여정이는 대학을 정석대로 바로 졸업하고 더 공
부하기 위해 대학원에 입학했다. 여정이는 나를 걱정했다.

"서기야. 2학년 때부터 조금씩 취업 준비해. 너 어차피 휴학도
안 할 거잖아. 그러면 미리 준비하는 게 맞아."

사실 나도 알고 있었다. 옷을 사고 화장품을 사느라 쓸데없는
지출이 점점 늘어났다. 학교 동기들은 취업 스터디를 짰다. 누
구는 스펙을 쌓기 위해 봉사활동을 가고 어학연수를 갔다. 누
구는 과외로 돈을 벌어 창업을 하겠다고 했다. 세 번째 수능을
보고 대학에 들어갔을 때 나는 더 이상 뒤처질 것도 없다고 생
각했는데 나는 그곳에서마저도 더욱더 끝도 없이 뒤처지고 있
었다. 지금이라도 정신을 차려야 한다고 생각했다.

그리고 소라에게 미안했다. 내가 학생이어서, 돈이 없어서 마치 당연한 듯이 소라가 밥과 술을 샀다. 그렇지만 그건 당연한 것이 아니다. 난 알고 있었지만 모른 척 눈을 질끈 감고 있었다. 그래서 나도 한 번쯤 소라에게 근사한 밥과 술을 사고 싶었다.

나는 시간당 2만 원짜리 주 3일 영어 시간강사 자리를 구했다. 학교 수업과 병행하며 나름대로 꼬박 일해서 60만 원을 받았다. 엄마에게도 이제 내가 알바를 할 테니 용돈은 주지 말라고 선언했다. 엄마는 그럴 시간에 공부를 하는 게 어떻냐 했지만 네가 해보고 싶은 건 해보라면서 말리진 않았다. 첫 알바비를 받고 소라에게 밥을 사기로 하고 여느 때처럼 이태원에서 약속을 잡았다.

"무슨 밥을 사~ 그냥 내가 낼게."

"아니야. 내가 맨날 얻어 먹었잖아. 나도 일 시작했어."

한 그릇에 3만 원이 넘는 파스타와 피자를 사서 우리는 자주 가던 펍에 들어갔다. 준비해 왔던 오늘의 용건을 까맣게 잊고 술을 마시기 바빴다. 또 통제력을 잃었다. '이제 내가 3학년이 되고 나도 취업과 공부를 해야 되니 많이 못 만날 것 같아.' 이 말을 꼭 하려고 만난 것이 있는데 점점 목적을 잊고 정신 줄을 놓고 있었다.

소라와 나는 모르는 남자 두 명과 합석했다. 의미 없는 말들을 하면서 웃고 떠들고 있는데 소라가 갑자기 내 맥주잔을 지적한다.

"아, 애 또 이러네. 너 얼마 벌어."

소라와 내 눈이 마주친다. 눈을 보니 많이 취했다.

소라는 취하면 사람들의 연봉을 묻곤 했다. 그걸 나한테 묻는 건 처음이다. 나는 순간 고민한다. 내가 이번 달에 일하고 받은 월급은 60만 원이다.

'그럼 이건 연봉으로 얼마지? 뭐라고 말해야 하지?'

고민하고 있는데 소라가 윽박지르듯이 말한다.

"야! 200도 못 벌면 맥주 남기지 마. 다 마셔 빨리!"

갑자기 술이 깨고 피가 차가워진다. 내 옆과 앞에 앉은 모르는 남자의 시선이 나를 향하고 있는 게 느껴진다. 발가벗겨진 채로 전시된 기분이었다. 한심한 듯 보는 것인지 불쌍하게 보는 것인지 모를, 나를 향한 그들의 시선이 나에게 비수처럼 꽂혔다. 나는 그날 처음 내 현실을 똑바로 봤다. 그리고 무언가의 본질은 화장을 진하게 한다고 해서, 또는 화려한 옷을 입는다고 해서 쉽게 가려지거나 숨겨지는 게 아니라는 것을 그 순간 깨달았다. 일을 시작했다고 말하는 나를 보면서 소라는 속으로 어떤 생각을 했을까.

갑자기 너무 창피했다. 그럴 처지가 아니면서 그곳에 있는 내가 창피했다. 그리고 한 번도 무엇인가 이뤄본 적이 없는 내 과거들이 창피했다.

나는 화장실 가는 척 나와 카운터에서 술값을 계산했다. 20만 원이 넘게 나왔다. 지난 한 달 일하고 받은 생활비의 절반을 그날의 저녁을 위해 썼다. 그리고 인사도 없이 도망치듯 나와 택시를 탔다. 핸드폰이 계속 울렸지만 받지 않았다. 어느 때보다 냉정하게 나를 직시했다. 뜨겁게 방황하다가 한순간 차갑게 식어서 저 밑바닥에 침전물처럼 가라앉은 비참한 몰골을 똑바로 봤다.

'나는 왜 이렇게 살지. 이러면 안 되는데. 공부해야 되는데. 이젠 더 이상 뒤처지면 안 되는데.'

지난날 택시 속에서 너덜너덜해진 정신으로 끊임없이 하던 한심한 중얼거림들이 그날은 한마디도 나오지 않았다.


그날 이후로 나는 개인적으로는 소라를 만나지 않았다. 아니 만날 수가 없었다. 그날의 용건을 굳이 말하지 않았지만 목적을 이룬 셈이다. 내가 생각한 것보다 훨씬 더 비참한 방식으로.

# 늦게 찾아온 성장통

소라는 내가 수험생활을 한다는 소식을 듣고는 나에게 기프티콘을 자주 보냈다.

　― 야~ 넌 연락도 안 되냐.
　― 쉬엄쉬엄해.
　― 몸 상해.
　― 힘들면 연락해.

나는 단 한 번도 답장하지 않았다. 그 이후로 몇 년 동안이나 혼자 소라를 미워했다. 사실 미워해야 할 존재는 나 자신이었는데 나마저 나를 미워해버리면 죽을 수도 있을 것 같았다. 나는 살기 위해서 소라를 미워했다. 그렇게 비겁하게 소라의 호의를 무시했다.

소라는 그 시절 우리가 자주 놀던 이태원에 신혼집을 얻었다. 소라가 보내준 주소를 습관적으로 검색해 본다. 실거래가로 14억이 훨씬 넘는 아파트다. 호가는 16억이다.

얼마 전 단톡방에서 소라는 은행원인 슬기에게 주택담보대출을 문의했다. 집을 담보로 대출을 받는 거니까 전세는 아니고 매매인 게 분명하다. 갑자기 갈증이 난다.

가방에 있는 물병을 꺼내 물을 급하게 마시고 쫓기듯 우리집 시세를 찾아본다.

5억 9천이다.

우리가 산 가격보다 2억 넘게 올랐다. 평소 같았으면 기분이 좋아졌을 텐데 오늘은 그렇지가 않다. 내 집이 아무리 올라도, 오른 상태인 집이 두 채가 있어도 난 절대 이태원에 집을 얻지 못한다. 젊은 시절 잠깐 반짝이다 사라진 이태원이라는 공간은 시간이 지난 지금도 여전히 가질 수 없는 곳이다. 앞으로도 가질 수 없을 것 같다.

지하철 역에서 카드를 찍고 나오는데 현우가 보인다. 현우가 하얗게 질린 내 얼굴을 보면서 묻는다.

"술 많이 마셨어? 표정이 왜 그래."

현우가 에코백을 대신 들어주면서 다시 내 얼굴을 살핀다.

"아니…. 술 안 마셨어."

"그럼 왜 그래? 체했어?"

고개를 숙여 내 얼굴을 들여다보려는 현우를 외면하면서 말을 돌린다.

"소라 결혼하는 거 알지? 이번 주 토요일에 소라네 집에서 청첩장 모임 하기로 했어."

"그래? 그때 그 형이랑 결혼하는구나. 맞아, 둘이 진짜 잘 어울렸어. 둘이 인상도 비슷하고. 원래 비슷한 사람끼리 만나면 잘 산다잖아."

현우는 진심으로 기뻐한다.

"근데 집이 이태원이야. 이태원에 집 산 거 같아."

부동산 어플 호갱노노가 띄워진 핸드폰을 현우에게 건넨다.

"와, 짱이다 진짜. 소라 출세했다. 여러모로 축하한다고 전해줘! 그리고 집들이 선물도 좋은 거 사가고 그래. 소라 향수 모은다고 했지? 캔들 같은 게 좋겠다."

현우는 구김이 없다. 타인의 성공을 진심으로 축하한다.

나는 왜 이 순간 그러지 못하고 있을까.

그리고 소라는 내게 타인이 아니다. 기쁜 일이 있을 때 같이 웃어주고 슬픈 일이 있을 땐 같이 울어주던 친구인데 지금 이 순간 나는 왜 잔뜩 구겨져 있을까. 왜 난 소라에게 남보다도 못할까. 나에게 환멸을 느낀다. 나이를 먹어갈수록, 나를 점점 알아갈수록 내 자신이 실망스럽다.

토요일 오전에 현우와 백화점에 갔다. 소라의 선물을 사기 위해서다.
"서기야, 소라가 특별히 좋아하는 향 있어?"
소라는 불면증이 있다. 빈집에서 혼자 자는 걸 싫어했다. 졸업하고 어쩔 수 없이 자취를 시작한 후로는 항상 잠을 못 자고 밤을 꼬박 새거나 술을 마시고 잠들거나 지치도록 놀아야 겨우 잤다. 오후 5시부터 낮술을 먹던 그때의, 너무 예쁘지만 어딘가 모르게 그늘진 소라 얼굴이 떠오른다.
"라벤더가 좋겠어. 숙면에 좋대."
직원이 내가 고른 캔들을 포장하며 카드가 필요하면 주겠다고 하지만 나는 거절한다. 그 카드에 무슨 말이고 썼다가는 소라에 대한 내 열등감이, 내 자격지심이 그 종이에 박제될까 봐 두렵다.
선물을 사고서 현우는 집에 돌아가고 나는 지하철을 타려고 내려간다. 이태원까지 가는 길을 검색해 보니 57분이 나온다.

'그래도 한 시간 안짝이구나.'

계단을 내려가는데 열차가 도착하는 소리가 들린다. 황급히 뛰어 내려갔지만 코앞에서 문이 닫혔다. 다음 열차는 10분 후에 온다.

이러면 한 시간이 넘는다. 내 집에서 이태원까지 한 시간이 넘는다. 갑자기 짜증이 밀려온다.

후, 하고 한숨을 쉬다가 지하철 유리에 비친 내 모습을 본다. 어깨는 앞으로 굽었고 표정은 울적하다. 내가 서 있는 자리에만 먹구름이 끼어 있다. 열차를 기다리면서 친구들을 떠올려 본다.


나는 내 친구들이 좋다. 꼭 지키고 싶다. 어떤 순간에도 있는 그대로의 나를 인정해 주는 사람들이다. 나는 이것이 사람 관계의 기본값인 줄 알았다. 그냥 저절로 얻어지는 것인 줄 알았다. 하지만 직장을 다니면서 세상엔 그렇지 않은 사람들이 거의 대부분이며 있는 그대로 사람을 인정해주는 데까지는 무던한 노력이 필요하다는 것을 뒤늦게 알게 됐다. 그 전까지는 이 사실을 몰랐다. 그걸 알기엔 많이 어렸다.

왜냐하면 나의 시계는 친구들 것보다 많이 느리기 때문이다.

나는 짧게는 3년, 길게는 8년이나 느렸다. 그 공백 동안 나는 아무 노력도 안 했다. 그동안 친구들은 우리의 관계를 유지하기 위해 아무런 대가도 없이 내 몫의 노력까지 힘겹게 짊어졌다.

나는 빚을 졌다. 그래서 내 방황의 시간은 나만의 고통이 아니다. 이것은 마치 나비효과와 같아서 부모, 형제, 연인, 친구에게까지 영향을 미친다. 모든 것은 거시적인 관점에서 보아야 실수를 줄일 수 있다. 숲 전체를 보아야 한다. 그러나 맹점은 그 장면에 속해 있는 순간에 개인은 그저 작은 나무일 뿐이라는 것이다. 숲을 보기엔 키가 너무 작다는 것이다.

다음 열차를 타고, 또 갈아타서 소라네 집 근처에 도착했다. 시간이 좀 남아서 오랜만에 이태원을 둘러본다. 가게들이 많이 없어졌고 또 생겼다. 거리의 나무들은 조금 더 푸르러졌다. 그때의 풍경과는 조금 다르지만 냄새는 그때와 다르지 않다. 쉽게 나에게 스며들지 않던 그 이질적인 자유의 냄새. 그렇게 거리를 걷고 있는데 소라에게 톡이 온다.

[소라] 야~ 오늘 오지? 또 변덕 부리지 마라.
[이서기] 당연히 가지. 거의 다 도착했어.

나는 핸드폰을 끈다.

방향을 바꿔 소라네 집으로 향한다.

소라네 아파트는 2015년도에 입주를 시작한 신축이다. 6년이 다 되어가지만 우리집에 비하면 아주 새것이다. 비가 올 때는 비를 맞지 않고 지하주차장으로 바로 내려가 차를 탈 수 있다. 반면 우리집은 문을 열면 바로 노상이다. 지하주차장은 없다. 태풍이라도 오는 여름에는 출근하기도 전에 옷이 젖지 않기 위해 현관문을 열기 전부터 우산을 펴야 한다. 아주 추운 겨울에는 복도에 얼음이 낀다. 조심하지 않으면 바로 뇌진탕이다. 소라네 아파트는 보안도 좋다. 등록된 차만 단지로 들어갈 수 있고 방문객이 아파트 안으로 들어가려면 집주인에게 호출을 하지 않으면 안 된다. 그런데 우리집은 아무나 들어갔다 나갔다 할 수 있다. 마치 모두에게 열려 있는 것 같다. 퇴근하고 집에 오면 현관문에 전단지가 덕지덕지 붙어 있다. 안 그래도 비좁은 주차장엔 마트 배달용 다마스, 택시, 택배차, 용달차들이 먼저 주차공간을 차지하고 있다. 딱 하나 우리집이 나은 건 집이 아주 늙어서 재건축을 기대해 볼 수 있다는 것인데, 그렇다 해도 절대 따라잡지 못하는 한 가지가 있다.

바로 입지다.

이태원은 서울 전체를 봤을 때 중심이다. 서울의 요지 어디든 마음만 먹으면 30분 이내로 갈 수 있다. 우리집이 아무리 기깔나는 신축 아파트로 변신한다 해도 서울의 어느 곳을 가려면 한 시간 반을 이동해야 한다. 지각변동이 일어나서 어느 한 동네가 수면 아래로 꺼지지 않는 이상 입지는 영원하다.

나는 아무도 그러라고 하지 않았는데도 끊임없이 비교하고, 스스로 비참해지기를 선택하면서 털레털레 소라네 집에 도착했다.

"왔어? 왜 이렇게 늦게 와~. 다들 왔는데."

들어가 보니 더 놀라웠다. 「나 혼자 산다」에서 보던 연예인 집에 들어와 있는 것 같다. 거실에는 6인용 원목 테이블이 있고 화이트톤의 인테리어는 세련됐다.

12층인 집에서 이태원의 풍경이 훤히 내려다보인다. 앞의 풍경을 가로막는 것이 하나도 없다. 소라와 내가 자주 가던 펍이 있는 건물도 내려다보인다. 문을 열면 아파트만 빼곡히 보이는 아파트 뷰를 가진 우리집과 대비된다.

어색하게 웃으면서 예쁘게 포장한 선물을 소라에게 건넨다.

"뭐야, 뭘 사 왔어? 일단 앉아봐, 뭐 좀 먹게."

고등학교 친구 여정이, 슬기, 라라가 먼저 와 앉아 있다. 고등학생 시절 우리는 항상 함께 먹고 웃고 뛰어다니며 놀았다.

13년이 훌쩍 지나 우리는 이제 31살이다. 18살에는 상상도 할 수 없던 나이가 된 지금, 우리는 서로 다른 모습으로 여기에 모여 있다. 세월은 10년 넘게 흘렀고, 얼굴은 좀 늙었고 이젠 교복을 입지 않아도 되는 게 새삼 신기하다.

여정이는 대학원을 졸업하고 CJ제일제당에 연구원으로 스카우트되어 일하고 있다.

슬기는 대학을 졸업하자마자 신한은행에 입사해 얼마 전 대리로 승진했다.

라라는 공대를 졸업하고 네이버에 입사해 판교에서 아이폰 웹 개발자로 일하고 있다.

우리는 만나자마자 그동안 미뤄왔던 이야기들을 폭죽 터뜨리듯 터뜨린다. 마치 축제 같다.

"야, 이서기 결혼하고 얼굴 핀 것 좀 봐. 현우가 잘해주나 봐."

"신혼생활 어떤지 얘기 좀 해봐."

"야 뭐야. 라라 남자친구 생겼대."

"아니 아직 썸이라고."

"얘들아 비비고 갈비만두 내가 개발한 거니까 많이 좀 주

127

문해."

"슬기 이번에 대리로 승진한 거 알지? 승진 턱 언제 쏘냐."

너무 즐겁다. 엔돌핀이 솟는다. 고등학생 시절로 돌아간 기분이 들면서 나도 점점 자연스러운 표정을 짓는다.

소라가 분주하게 직접 만든 떡볶이를 들고 앞접시를 챙겨 가져온다. 친구들이 일어나서 수저를 놓고 음료와 컵을 놓는다. 소라가 떡볶이를 떠서 나눠준다. 차돌박이 떡볶이다.

소라가 건네준 접시에 떡볶이가 담겨 있는데 어묵이 하나도 없다. 난 원래 어묵을 못 먹는다. 소라는 그걸 알고 내 떡볶이에는 어묵 대신 고기를 많이 올려줬다.

접시를 보더니 슬기가 말한다.

"왜 난 고기가 없어? 왜 서기만 고기 많이 줘?"

"얘 원래 편식해서 아무거나 못 먹어. 까다로운 스타일이야."

나는 접시에 고개를 박고 말없이 떡볶이를 뒤적거린다.

소라는 언제나처럼 나에게 먼저 호의를 베푼다. 그 마음을 다 알면서도 외면하는 이 뻔뻔한 인간이 몇 년째 아무런 응답도 없지만.

소라는 요리를 잘한다. 어렸을 때부터 요리해서 같이 먹는 것을 좋아했다. 오늘도 소라의 떡볶이는 내 입맛에 정말 잘 맞는다. 너무 맛있다.

우리는 떡볶이를 먹으면서 당연한 듯이 부동산 이야기를 한다. 여정이가 소라를 보며 말한다.

"소라 진짜 대단해. 이런 집을 어떻게 그렇게 턱턱 사?"

소라가 앞접시에 떡볶이를 덜어주며 말한다.

"난 일한 지 10년 넘었잖아. 오빠도 많이 모았고. 그리고 다 대출이야. 나랑 남편 신용까지 탈탈 털었어. 이 집에서 주방 정도만 내 거야. 나머지는 은행꺼지. 그리고 서기도 집 샀잖아~."

친구들이 나를 본다. 내가 말할 차례다.

나는 기어들어가는 목소리로 말한다.

"우리집은 별로 안 비싸. 서울 외곽인데 뭐."

소라는 자기 컵에 사이다를 따르면서 말한다.

"그래도 니가 제일 먼저 집 샀어. 우리 아무도 안 살 때."

생각해 보니 맞는 말이긴 하다. 나는 취직은 제일 늦게 하고 집은 제일 빨리 샀다. 듣고 있던 여정이와 라라가 맞장구를 친다.

"내 말이~ 이서기가 알고 보면 제일 빨라. 그리고 너희 집도 엄청 오르지 않았어? 19년도에 샀으면 많이 오르기 전에 샀잖아."

"2019년이면 우리 29살이네. 누가 서른 되기 전에 집을 사."

내가 성과라고 여기지 않는 것을 친구들이 성과로 만들어준다. 내 인생을 자세히 들여다보면 이룬 것이 있기는 있다.

친구들은 굳이 자세히 들여다보지 않고도 나를, 내가 이룬 것을 있는 그대로 인정해 준다. 나에게 제일 인색한 건 바로 나 자신이다. 사실 스스로가 비참해지기를 선택하지 않으면 비참하지 않을 수 있다. 내 우울함은 모두 내 선택에서 비롯된다.

은행원인 슬기가 말한다.

"나는 은행에서 일하지만 대출 껴서 집 사기 겁나. 소라랑 서기가 나 집 살 때 좀 도와줘. 요즘 중개사한테 호구 잡히는 사람도 많다던데 사기당할까 봐 무서워."

사실 나는 잘 모른다. 계약은 현우가 다 알아서 하고 나는 멍청이처럼 인감만 찍어댔다. 그래도 모르는 것처럼 보이고 싶지 않아서 "그래 그래, 내가 아는 건 다 도와줄게" 하면서 같잖은 아는 척을 한다.

이런저런 얘기를 하면서 소라의 떡볶이를 싹싹 긁어먹고 볶음밥까지 볶아 먹었다. 너무 즐겁다. 이렇게 웃고 떠들어본 지가 몇 개월 만이다. 배도 부르고 마음도 부르다. 2시간이 20분처럼 흐른다.

소라가 냉동실에서 주섬주섬 뭘 꺼내 온다. 내가 제일 좋아하는 파리바게트 마카롱 아이스크림이다.

소라와 만나서 놀 때 우리는 항상 파리바게트에 들러 약속이나 한 것처럼 마카롱 아이스크림을 사 먹었다. 내가 좋아해서인지 소라도 좋아해서인지는 기억이 잘 안 난다. 나는 꽂히면 그것만 먹는 이상한 성격이라 꼭 블루베리 맛만 먹었다. 그게 떨어진 날이면 아예 사먹지 않았다.

수험생 시절에 돈이 없어 쪼들릴 땐 너무 먹고 싶어도 사먹지 못했다. 그때 소라는 대답도 없는 내게 마카롱 아이스크림 기프티콘을 자주 보냈다.


소라는 비닐봉투에 든 마카롱 아이스크림을 하나씩 꺼내 나눠준다. 나에게는 당연한 듯 블루베리 맛을 준다.

"나도 블루베리 줘. 나 초코 싫어해."

슬기의 말에 소라가 당황하며 대답한다.

"진짜? 근데 블루베리는 이서기껀데⋯. 얘 블루베리밖에 안 먹어."

라라가 말한다.

"너네 둘은 전생에 부부 같아. 서기는 까탈스런 남편이고 소라는 비위 맞춰주는 마누라."

다들 으캬캬캬 웃으면서 포장을 뜯어서 먹는데 소라는 먹지 않는다. 아예 소라 몫이 없다.

"넌 왜 안 먹어? 너도 이거 좋아하잖아"

"아냐. 난 너무 배불러서 지금 못 먹겠어."

아이스크림 포장지를 치우는 소라의 모습을 보는데 문득 옛날 생각이 난다.


소라는 외동딸이다. 소라의 아버지는 무역사업을 하셨는데, 사업을 처음 시작할 때쯤에 소라는 초등학생이었다. 그때부터 소라는 수년간 외국에서 자랐다. 덕분에 지금 영어를 잘하는 것인데도 소라는 항상 힘들고 외로웠다고, 다시는 그때로 돌아가고 싶지 않다고 한다.

소라의 어머니는 책을 쓰는 작가다. 작품이 끝나면 해외에서 혼자 한 달 넘게 있다가 오곤 했다. 소라 부모님은 소라를 사랑하지만 방임하는 편이었다.

소라는 부모님의 부재를 괴로워 했지만 나는 부모님에게 구속받지 않는 소라가 부러웠다. 아침에 일어나서 잠들 때까지 엄마의 그늘 아래 있어 가끔 답답했기 때문이다.

소라는 고등학교 때 아버지가 출장가고 어머니도 여행을 가면 혼자 집에 있는 게 무섭다면서 우리집에서 며칠 자곤 했다. 나와 동생은 우유를 안 먹는데 소라는 아침에 꼭 우유를 마셨다. 엄마는 소라가 짐을 싸서 우리집에 올 때면 매일 가게에서 돌아오는 길에 우유를 사 왔다. 아빠도 소라가 있을 때는 원래는 한 마리만 사오리던 치킨을 두 마리 사왔다.

"소라야, 교복 셔츠 벗어놔라~. 서기꺼 빨면서 같이 빨게."

엄마는 소라를 잘 챙겨줬는데 그건 일방적인 건 아니었다. 소라는 우리 엄마가 가게를 마치고 올 때쯤 요리를 했다. 언젠가는 냉장고 속 시들어가는 부추로 부추전을 만들었다. 솔직히 엄마가 해준 것보다 훨씬 맛있었다. 소라가 해준 부추전을 나와 동생은 누가 먼저랄 것도 없이 허겁지겁 먹었다.

"누나 진짜 맛있어. 우리집에서 살아라."

"같이 살고 싶으면 니가 얘네 집 가서 살아. 한 대 맞으려고 진짜."

나는 괜히 심술을 부렸다. 소라는 엄마 몫의 부추전까지 예쁘게 부쳐놨다. 집에 돌아온 엄마는 우유를 냉장고에 넣으면서 말한다.

"이거 보나 마나 소라가 했지? 우리집 가시나는 이런 거 안 해."

"자꾸 나한테 가시나라고 하지 말랬지!"

나는 그때도 삐딱했다. 그렇게 우리는 어린 시절을 함께 했다. 서로의 부족한 점을 채워주면서.

그때 우리는 같이 자려고 누워서 많은 대화를 했다.

"서기야, 내일 체육 시간에 발야구 할 거야?"

"안 해. 내가 차면 맨날 파울이야."

"그래도 같이 하지. 교실에 있으면 답답하잖아."

"그냥 교실에서 잠이나 잘래. 아, 내일 수요일이다. 급식 맛있는 거 나오겠다. 소라 너는 나랑 맨날 같이 먹어도 왜 살이 안 찌냐. 맨날 나만 쪄."

"난 화장실을 자주 가잖아. 과민성 대장 증후군 있는 것 같아. 나중에 수능 볼 때도 이럴까 봐 걱정이야."

"근데 이번엔 어머니 언제 오셔?"

"나도 모르겠어. 연락이 잘 안 돼."

"문자 남겼어?"

"응. 아까 아침에 남겼는데."

"흠. 해외라 통신이 잘 안 될 수도 있지. 문자 확인하시면 연락 올 거야. 너무 걱정하지 말고 빨리 자자."

"넌 좋겠다. 항상 집에 부모님이 계시잖아. 동생도 있고."

"무슨. 난 20살에 대학 가자마자 자취할 거야. 진짜 지겹다 지겨워."

하지만 정작 졸업하자마자 자취를 한 건 소라였고 나는 이 집에서, 엄마의 그늘에서 10년을 더 온실 속의 화초처럼 지냈다. 이태원에서의 그 사건이 있고서 내가 소라를 멀리하자 가끔 엄마가 물었다.

"소라는 요즘 안 만나니? 그렇게 자주 어울려 놀았으면서."

나는 그럴 때마다 신경질적으로 받아쳤다.

"안 만날 만하니까 안 만나겠지. 뭘 그런 걸 물어 자꾸?"

엄마도 가끔 소라를 보고 싶어 하는 것 같기도 했다.


우리는 마카롱 아이스크림을 먹고도 두 시간을 넘게 떠들었다. 해가 뉘엿뉘엿 지고 있다.

그때 라라가 핸드폰을 보면서 말한다.

"이제 가야겠다. 나 오빠랑 녹사평역에서 6시에 만나기로 했어."

"나도 동네에서 남친 만나기로 했어."

여정이도 선약이 있다고 한다. 우리는 예전처럼 시간이 많지 않다. 토요일은 직장인인 우리에게 아주 소중해서 최대한 밀도 있게 보내야 한다. 내 핸드폰에도 연락이 와있다.


[현우] 서기야 저녁도 먹고 와? 너 얼마 전부터 쉑쉑 버거 먹고 싶다며. 일찍 오면 그거 먹자.


나도 카톡을 확인하고 말한다.

"나도 현우랑 같이 저녁 먹어야겠다. 이제 일어나자."

우리는 일어나서 소라한테 축하한다고, 잘 먹고 간다고, 또 보자고 인사하고 신발을 신는다. 그때 소라가 나가려는 나를 붙잡고는 쇼핑백을 손에 쥐어준다.

"이서기 이거 갖고 가. 관절은 약을 꾸준히 먹어야 호전돼."

소라와 정면으로 눈이 마주친다. 6년 전 이태원의 그 사건 이후로 소라의 눈을 이렇게 똑바로 쳐다본 것은 처음이다. 나는 당황한 표정을 한다. 속에서 울컥하고 뜨거운 것이 올라온다.

이태원에서 방황하던 그때 엄마는 관절 문제로 큰 수술을 받았다. 너무 혹독하게 일해서 관절이 많이 안 좋았다. 그때 자주 만나던 소라는 그걸 알고 있었다. 나는 엄마가 큰 수술을 하고 마취에서 못 깨어나고 있을 때 소라에게 전화를 걸어서 울었다. 너무 무섭다고, 엄마가 이대로 영영 안 일어날 것 같다고 애처럼 펑펑 울었다. 그때 소라는 출장 중이었는데 출장이 끝나자 캐리어를 끌고 곧장 병원으로 와서 나와 같이 울었다. 누워 있는 엄마 대신에 먹을 걸 사와서 내 끼니를 챙겼다.

외국계 기업에서 일하던 소라는 국외 출장이 잦았다. 출장을 갔다 올 때마다 관절약을 사왔다. 우리 엄마를 나보다 더 챙겼다. 그 당시 내 능력으로 절대 할 수 없는 것을 소라가 나 대신 해줬다.

소라에게 고마웠지만 아무 말도 안 했다. 그때도 난 나는 물론 나의 부모님까지 위하는 친구에게 알량한 자존심을 세웠다.

이번에도 소라에게 제대로 고맙단 인사도 못 하고 눈만 끔뻑 끔뻑하다가 쫓기듯 엘리베이터를 탔는데 금방이라도 눈물이 터질 것 같다. 하지만 어떻게든 참는다.
겨우 아파트 입구까지 가서 친구들과 서로 인사를 하고 흩어진다.
소라가 준 관절약을 손에 들고 이태원 거리를 걷는다. 밤이 된 이태원 거리가 반짝인다. 참았던 눈물이 이제는 멈추지 않고 계속 나온다. 소라에게 정말 오늘은 꼭 말을 해야 할 것 같아서, 지금이 아니면 안 될 것 같아서 전화를 건다.
"여보세요? 여보세요? 뭐야~ 왜 말 안 해."
그동안 꾸역꾸역 눌러 왔던 하고 싶은 말들이 한꺼번에 목구멍까지 차오른다.
'소라야. 나는 사실 네가 미웠어. 너를 미워할 이유가 없었는데…. 이유가 있다면 너를 질투해서야. 너처럼 당당하고 멋지게 성공하고 싶었는데 그러지 못한 나 때문에 죄 없는 너에게 화살을 돌렸어. 내 열등감 때문에, 자격지심 때문에 너를 피했어. 네가 나에게 베푸는 호의를, 그 마음을 다 알면서도 눈을

질끈 감았어. 내가 비겁했어. 그리고 너에게 너무 미안했어. 지금도 너무 미안해.'

이 말들이 막혀버린 하수구처럼 꽉 막혀서 나오지 않았다. 아니 나오지 않는 게 다행인 건가 싶다. 나왔다 하면 구정물인 이 말들을 소라에게 다 쏟아내 버리면 소라가 이 악취나는 구정물을 뒤집어 쓰지 않을까.

그렇게 몇 분을 울기만 하다가 겨우 정제된 말을 한마디 뱉는다.

"소라야 내가 미안했어."

한참 정적이 흐르지만 그 침묵이 어색하지 않다. 고작 몇 개의 단어로 몇 년 묵은 마음이 전달될지도 잘 모르겠다.

"뭐야 이서기~ 담에 또 놀러 와. 맛있는 거 해줄게. 야, 그리고 난 마카롱 아이스크림 안 좋아해. 마카롱은 좋아해도. 그냥 그렇다고~. 조심히 가."

# 취직 안 해도 돈 벌 수 있는 세상

주말 아침.

현우와 집 앞 백다방에서 커피 한 잔을 시켜놓고 파아란 하늘을 보면서 멍 때리다가, 엄마가 주말에 고기 먹으러 오라고 했던 말이 번뜩 생각난다.

"아, 오늘 엄마가 수육 한다고 밥 먹으러 오랬어."

"그래 가자. 요 앞에 과일가게에서 수박 사 가자. 장모님 수박 잘 드시잖아."

수박을 사서 친정에 가는데 그 사이에 현수막이 또 바뀌었다.

달래아파트 재건축 설비 계획 입안 동의율 83%

집에 갔더니 엄마는 음식을 만드느라 분주하고 아빠는 식탁을 닦고 있다가 우리를 반긴다.

"어어, 공 서방 왔어? 어휴 뭐하러 사와, 이런 걸."

말은 그렇게 하면서 수박을 두 손으로 받는다. 인사를 하고 집을 둘러보는데 방에 동생이 있다. 오랜만에 보는 터라 동생 방에 들어가서 아는 척을 한다.

"야 이동우. 너 요새 얼굴 보기 힘들다?"

"어. 나 바빠, 말 시키지 마. 매형, 안녕하세요~."

인사를 마친 동우는 컴퓨터로 뭘 하기 바쁘다. 방이 난장판이다. 누런색 박스가 쌓여 있고 접다 만 종이박스와 박스테이프가 널브러져 있다.

"좀 치우고 살아라. 뭐 하고 다니기에 바빠 니가?"

나를 흘끗 보는 것도 잠시뿐 컴퓨터로 뭘 하다가, 폰으로 어디에 문자를 하고, 아무튼 매우 분주하다. 눈에 민트색 헬멧이 들어온다. 아까 들어올 때 보니 현관에 놓인 자전거 뒤에 배달의민족 가방이 달려 있었다.

"헬멧 뭐야? 너 배달해?"

그때 현우가 거실에서 어떤 책을 가지고 동우 방으로 들어온다.

"처남. 이거 내가 읽고 싶은 책이었는데 빌려줄 수 있어?"

책 이름이 『서른살, 비트코인으로 퇴사합니다』다. 기가 찬다.

"야 이동우. 너 배달하고 코인하고, 이거 박스는 또 뭐야? 박스 접기도 해? 아주 취직 빼고 다 하네, 어?"

동우는 나를 흘겨보다가 다시 모니터를 보면서 말한다.

"오자마자 시비 거는 거 봐라."

나는 동우의 뒤통수에 꿀밤을 놓는다.

"말버릇 봐라 아주. 정신 안 차리냐 진짜?"

동우는 이제 내게 시선도 주지 않는다.

"넌 매형한테 감사해라. 같이 살아주는 걸. 너같은 폭군이랑 사는 게 얼마나 고역이겠냐~."

그때 엄마가 밥 먹으라고 우리를 부른다. 우리는 둘러앉아서 밥을 먹는다. 엄마는 상다리가 부러지게 저녁을 차렸다.

수육, 잡채, 소고기뭇국, 새로 만든 겉절이, 각종 나물들.

"서기야, 반찬 좀 싸줄 테니까 가져가."

나는 동우가 걱정돼서 말을 꺼낸다.

"엄마. 얘 요즘 뭐 하고 다녀? 취직 준비는 하는 거야?"

엄마는 말이 없다. 동우가 밥을 먹으면서 대신 대답한다.

"나? 돈 되는 건 다 해."

나는 신경질적으로 그 위에 말을 얹는다.

"그니까 돈 벌려면 취직을 해야지. 뭐 하고 다니냐고. 너 토익은 땄어? 컴활은? 내가 저번에 책 갖다줬잖아."

현우가 식탁 밑으로 나를 쿡 찌른다. 그만하라는 수신호다. 그
때 동우가 말한다.

"그만해라. 밥 먹을 땐 개도 안 건드린다 했다."

그렇게 밥을 먹고 부모님과 같이 둘러앉아 우리가 사온 수박
을 잘라 먹고 있는데 현우가 내게 카톡을 보낸다.


　[현우] 처남이랑 나가서 커피 한잔 하자.


부모님에게 동우랑 얘기 좀 한다고 하고 집을 나선다.

나가는 나를 붙잡고 엄마가 귓속말을 한다.

"네가 좀 타일러봐. 요즘 맨날 어딜 쏘다니는지 모르겠어."


집 근처 카페에 와서 커피를 시켰다. 나는 태세를 전환해 본다.

"동우야 취직은 안 해? 시험 삼아 토익 한번 봐봐."

동우는 대답한다.

"토익? 토익 보면 돈 생겨?"

"왜 자꾸 돈돈 해. 돈이 다가 아니잖아."

동우가 어이없다는 듯이 말한다.

"취직 왜 하는데? 돈 벌려고 하는 거 아니야? 그럼 돈이 다지

뭐가 또 있어?"

동우는 빨대 비닐을 벗기면서 말한다.

"누나 지금 일하면서 거기서 자아실현이라도 하나? 너 월급 안 나와도 거기서 등본, 초본 떼줄 수 있냐?"

할 말이 없다.

나는 오직 매달 꼬박꼬박 나오는 180만 원을 위해서 꾸역꾸역 하기 싫은 일과 보기 싫은 사람들을 참아가면서 직장에 다닌다.

동우는 말을 이어간다.

"지금 돈 벌 수 있는 게 얼마나 많은데. 목표가 돈이면 지름길로 직진해야지. 왜 자꾸 돌아돌아 가라고 해?"

동우가 지금 찾은 지름길은 배달, 스마트스토어, 주식와 코인 투자라고 했다. 그리고 핸드폰으로 찍은 통신판매업허가증을 내게 보여준다.

"나도 나름 사업하는 거야. 내가 지금 누나가 버는 것보다 두 배는 더 벌어. 누나보다 내가 못한 건 대출이 안 나온다는 거야. 그거 빼곤 없어. 그니까 그만 갈궈라 쫌. 어?"

나는 그때부터 할 말이 없어졌다. 동우의 계좌 내역을 보니 정말 내가 버는 것보다 훨씬 많이 벌고 있었다. 두 배가 아니라

세 배, 네 배였다.

현우는 관심을 보였다. 둘이 계속 대화를 이어갔다. 동우의 계획은 배달과 스마트스토어로 현금을 최대한 모아서 주식과 코인으로 굴려 목돈을 만들고, 그 돈으로 부동산을 사서 독립하는 것이라고 한다. 그러면서 요즘 보고 있는 매물을 보여준다. 영등포에 있는 매매가 5억짜리 소형 아파트다. 나는 어이가 없다.

"야. 5억이 무슨 동네 개 이름이야?"

동우가 진지한 표정으로 말한다.

"전세가 4억 2천이고, 8천만 있으면 등기는 칠 수 있어. 일단 내 이름으로 찜해놓고 나중에 들어갈 거야. 그리고 나 지금 꽤 모았어. 취득세랑 복비까지 넉넉잡아 3천만 더 모으면 돼."

일단 갭투자로 사놓고 전세금만큼의 돈을 악착같이 벌어서 그때 입주하겠다는 계획이라고 한다. 말하는 동우의 눈빛이 반짝인다.

"매형. 저는 결혼 안 할 거라서 청약도 힘들고 답은 이거밖에 없어요. 요즘 코로나 땜에 배달 일거리도 많아서 쏠쏠해요. 그리고 요즘 스마트스토어가 돈이 좀 벌려서 확장해볼까 생각 중이에요. "

"처남. 그런데 너무 무리하는 거 아니야? 살이 너무 빠졌어."

자세히 보니 그렇다. 살도 많이 빠져서 볼이 쏙 들어가 있고 눈은 퀭하다.

"요즘 많이 자봤자 5시간 자나…. 배달 뛰고 들어와서 맨날 아무렇게나 쓰러져 자요."

생각해 보니 동우 방 침대에는 박스만 쌓여 있고 이불이 없었다. 나는 슬슬 걱정되기 시작한다.

"아무리 그래도 잠은 침대에서 이불 덮고 자야지. 그렇게 맨날 지치도록 일하면 몸 상해."

"지치지도 않았는데 잠이 오나? 역시 공무원이 좋네."

동우가 내 얼굴을 빤히 본다.

"자세히 보니까 누나 너 눈이 좀 순해졌네. 옛날엔 완전 뱀눈이었잖아. 누구 하나 물지 못해서 안달난 것처럼 잔뜩 치켜뜨고 살았잖아. 인간 됐네, 인간 됐어. 매형한테 잘해라 진짜."

동우가 잠시 화장실에 간 사이 현우가 내게 말한다.

"서기야. 처남 진짜 멋있다."


'등잔 밑이 어둡다.'

우리나라 속담은 정말 과학적이다. 우리가 신혼집을 살 때도 그랬다. 친정집에 30년을 살았어도 이곳이 재건축될지도 모르고 서울 다른 동네로, 경기도로, 또 인천으로 괜히 쏘다녔

다. 그러는 사이 등잔 밑에 있던 친정집은 안전진단이 통과됐
다. 그때부터 지금까지 재건축 단계가 진행될 때마다 1억씩 올
랐다.

나는 성공하고 싶었고 부자가 되고 싶었다. 부자가 되는 법을
알고 싶어서 유튜브 방송에서 경제 채널을 찾아보고 재테크
책을 사서 읽었다. 나는 보고 들은 모든 이론을 종이에 적고
외웠다. 멍청이처럼 걸음마도 뗄 생각을 안 했다.

나는 책에서만 보던 부자가 되는 방법들이 실제로 작동하는
지 안 하는지 의문스러웠다. 내가 방구석에 앉아서 그렇게 의
심만 하는 동안, 당장에 가진 거라곤 젊음과 몸뚱이뿐인 동우
는 이 방법들을 온몸을 내던져 실험하고 있었다. 나는 동우가
가진 게 없다고 생각했는데, 오히려 그 사실이 동력이 되고 무
기가 되어 성장하고 있었다. 화장실을 갔다 온 동우가 내 앞에
다시 앉았다. 나는 동우에게 직접 묻기로 한다.

"나도 돈 많이 벌고 싶어. 어떻게 해야 해?"

동우는 커피를 들이켜다 말고 나를 본다.

"누나는 돈보다 감투 아니었어?"

"감투? 나 그런 거 원한 적 없어. 그냥 '안정적인 돈'이 필요했
던 거지."

동우는 어이없어하며 말한다.

"아니 그러면 누나는 왜 그렇게 살았어?"

"뭐?"

동우는 컵을 테이블에 탁 놓으면서 말한다.

"돈이 목적이면 조선시대로 따졌을 때 신흥상인이 되었어야지. 그동안 왜 그렇게 과거시험만 주구장창 봤냐고. 난 누나가 돈 없고 가난해도 청렴결백한 선비가 되고 싶은 줄 알았지."

어이가 없다. 나는 선비가 되고 싶었던 적이 없었다. 그리고 지금 얘가 나한테 가난하다고 하는 게 어이가 없다.

"무슨 소리야 자꾸. 그리고 나 그렇게 안 가난해."

동우는 까불면서 말한다.

"누나 솔직히 200만 원 벌어서 하고 싶은 거 다 하고 살기 쉽지 않잖아. 내 친구 공무원인 애한테 들어보니까 그냥 죽지 않고 먹고살 만큼만 준다며. 녹봉. 옛날 말로 녹봉이잖아."

반박할 수가 없다. 맨날 동기들 단톡방에서 보던 신세한탄 이야기와 같다. 그래서 질문을 받기보단 질문을 하는 것으로 반격하기로 한다.

"그래서 넌 뭔데? 넌 뭘 위해 그렇게 하는데?"

"나? 난 오로지 돈만을 위해서지. 지금은 내가 돈을 위해 일하지만 나중엔 돈이 나를 위해 일하게 만들 거야. 진짜 멋있다

나 진짜."

갑자기 골치가 아프다. 손으로 이마를 짚는데 동우가 내 손등
에 화상 흉터를 응시한다. 우리는 찢어지게 가난했던 시절, 같
은 상처를 공유하고 있다. 그런 동우의 얼굴을 보는데 문득 옛
날 생각이 난다.

내가 세 번째 수능을 볼 때 동우는 고3이었다. 학원에서 6월
모의고사를 보고 집에 온 날 저녁에 동우는 폭탄선언을 했다.
"아빠 나 수능 안 봐요. 대학도 안 가요."

# 우물 밖을 동경하는 우물 안 개구리

부모님께 그 말은 청천벽력이었다. 내가 대학을 자퇴하고 수능을 보고 또 보는 동안 부모님의 가슴엔 대못이 박힐 대로 박혔고, 부모님은 피가 철철 흐르는 그 구멍을 동우가 조금이라도 메꾸어주기를 바랐다. 좋은 대학에 가서 남들처럼 보기 좋은 대학생이 되어주길 바랐다. 그런데 나 때문에 내성이 생긴 건지 부모님은 수능을 안 볼 거란 동우의 말에 처음부터 화내지 않았다. 그 이유를 먼저 물었다.

동우가 대답한다.

"대학을 갈 이유가 없어요. 대학 가면 아빠가 내 취직 책임질 수 있어요? 책임질 수 있다고 하시면 가고요."

나는 방에서 조용히 귀를 쫑긋하고 듣고 있었다. 저게 드디어 미쳤나 싶었다. 그리고 넌 오늘 죽도록 맞겠구나, 생각했다. 아빠는 대답을 듣고도 몇 분간 말이 없었다. 그러다가 동우에게 말했다.

"그래. 너 좋을 대로 해라."

나는 아빠의 그 대답을 듣고 화가 나서 견딜 수가 없었다.

'내가 대학을 자퇴하고 나왔을 때 나를 그렇게 때리고 원망하고 욕했으면서 왜 동우는? 왜 동우에겐 저렇게 쉬워? 왜 나한테만 그렇게 엄격했는데?'

나는 화를 주체하지 못하고 대문을 쾅 닫고 집을 나와서 놀이터 그네에 앉아 몇 시간 동안 울었다. 아빠가 항상 동우에게만 너그러운 것이 분하고 또 분했다.

'내가 여자라서? 아님 장녀라서? 그것도 아니면 동우가 남자라서? 동생이라서?'

아무리 생각해도 딱 떨어지는 답이 없었다. 왜냐면 정답은 따로 있기 때문이다.

이제 와 알게 된 답은 아빠도 아빠라는 역할은 처음이어서라는 것, 아빠도 나를 키우면서 아빠 역할을 배워가던 중이었다는 것이다.

자식을 키우는 건 내가 처음이라서 내게는 조금 미숙하고 서

툴어 어찌할 바를 몰랐을 것이다. 그러다가 자식에게 손찌검을 하는 게 부모로서 얼마나 죄책감을 느끼는 일인지 알게 되었을 것이다. 상처를 안고 살아가는 다 큰 자식을 보면서 그게 얼마나 후회스러운 일인지, 돌이킬 수 없는 일인지를 알아가면서 동우에게는 차마 그럴 수가 없었을 것이다.

그 당시 철이 없었던 나는 알 수가 없었다. 나는 배배 꼬이고 꼬여서 원래의 내 모습을 잃고 생기를 잃어갔다. 점점 까칠해졌다. 그렇게 시간이 가고 점점 수능이 가까워졌다.

세 번째 수능을 보기 하루 전날, 나는 너무 두려웠다. 형장에 끌려가야 하는 사형수가 된 기분이었다. 그렇게 내 방 책상에 앉아 멍하게 있는데 동우가 들어온다.

"야, 긴장돼? 세 번 봐도 긴장되냐?"

이게 겁을 상실한 게 분명하다.

"조용히 하고 나가라. 맞기 전에."

동우가 부스럭부스럭 뭔가를 침대 위에 던져 놓는다.

"뭘 세상 끝난 것처럼 그러고 있어. 그냥 대충해. 그거 못한다고 죽냐?"

더 이상 참을 수 없어서 마지막 경고를 한다.

"안 나가?!"

"알았다고. 그냥 내 몫까지 잘 보고 오라고."

동우가 방문을 닫고 나간다. 뭘 던져 놓고 간 건지 보는데 내가 좋아하는 초콜릿, 사탕, 쿠키 같은 게 봉지 가득 들어 있다.

현우와 동우가 이야기를 나누는 사이 잠시 옛날 생각을 하고 있는데 엄마에게서 문자가 온다.

[엄마] 서기야. 반찬 안 가져갔어. 다시 와서 가져가. 너 주려고 많이 한 거야.

문자를 확인하고 폰을 뒤집어 놓고서 다시 동우를 보고 얘기한다.

"동우야. 그런데 그렇게 너무 돈돈 하지 마. 매사에 '돈돈돈' 거리는 거 좀 보기 안 좋다고. 사람들이 욕해."

동우는 비실비실 웃으면서 얘기한다.

"누나, 돈돈돈 해야 돈이 들어오지. 왜 돈돈 하면 안 돼? 돈돈 할 건데? 할 건데?"

나는 다시 뱀눈을 한다.

"아 진짜. 적당히 안 하냐?"

동우는 그만두지 않고 계속 말한다.

"누나는 아니라고 하는데, 그게 바로 선비 근성이야. 누나도 돈 좋아하면서 왜 그 사실을 숨겨? 좀 있어 보이나, 그렇게 하면?

돈 없어서 빌빌대면 더 없어 보일걸? 돈 앞에서 솔직해져야 돈을 버는 거야."

바짝 약이 오르는데 딱히 할 말이 없다. 전부 맞는 말이다. 동우는 얼음을 와그작 와그작 씹어먹으면서 말한다.

"누나 그러면 스마트스토어 한번 해볼래? 요즘 부업으로 월 1000만 원 벌기가 유행이야. 그러다 잘되면 본업 때려치우고 그래. 생각 있음 도와줄게."

듣고 있던 현우가 말한다.

"처남, 공무원은 겸직 안 돼. 겸직 금지 조항이 있어."

동우가 씹던 얼음을 컵에 도로 뱉으면서 말한다.

"와, 뭐예요 그럼. 평생 이삼백 벌다가 죽으라는 건가? 너무 혹독한 직장 아니야? 일이 혹독한 게 아니라 평생 발전 없이 살라는 게 혹독하네. 누나는 겨우 그거 할려고 몇 년을 시험만 본 거야?"


동우의 말을 듣는데 이제는 화도 안 난다.

내 발령 동기들의 모습이 떠오른다. 우물을 나가려는 생각은 추호도 없고 오히려 더 견고하게 우물을 쌓아 올리고 있는.

설계자가 누군지 모르겠지만 이 우물은 애초에 한 번 들어왔다 하면 쉽게 나갈 수 없도록 설계되었다. 아주 꽉 막혀 있다. 어쩌면 동기들은 이 사실을 너무나 잘 알아서 우물 안에서 그냥 행복하게 살기를 선택한 게 아닐까.

나는 오늘 정말 놀랐다. 동우가 마냥 철없는 놈인 줄 알았는데 적어도 나보다 이 세상을 잘 안다. 적어도 나처럼 우물 안 개구리가 아니다. 왜냐면 동우는 우물로 들어가길 스스로 거부했기 때문이다.

그리고 나는 괴롭다. 내가 사는 이 우물이 이 세상 전부인 줄 알았는데, 우물 밖에 더 큰 세상이 있다는 사실을 알아가는 우물 안 개구리라서 괴롭다.


친정에 가서 반찬을 가지고 집으로 되돌아왔다. 현우는 오는 내내 동우 얘기만 했다. 우리는 동우에게 배울 게 많다고, 많아도 한참 많다고 입에 침이 마르도록 칭찬했다. 집에 도착해서 동우와 했던 이야기를 곱씹어 보고 있는데 엄마에게서 전화가 온다.

"여보세요? 서기야, 동우랑 얘기 좀 해봤어?"

"응 엄마. 동우 옆에 있어?"

"아니. 또 기어나갔네, 이놈의 자식. 헬멧 쓰고 자전거 몰고 나 갔어. 동우가 뭐래?"

동우와 했던 얘기를 해봤자 엄마는 이해하지 못할 것이란 걸 알고 있다. 동우가 코인, 주식 투자를 하고 있고, 갭투자를 할 것이라는 것, 또 가능하다면 대출도 받고 싶어 한다는 것. 이것 들은 엄마의 고요한 밤을 방해하는 요인이 된다. 여러 가지 중에 엄마가 납득할 것만 골라서 말한다.

"엄마 동우 헬멧 쓰고 밤에 어디 나가는 거, 배달 가는 거야. 그건 대충 알지?"

엄마는 잠시 답이 없다가 말한다.

"그래, 그건 대충 알고 있었어. 요즘 뉴스 보니까 젊은 사람들 많이 한다더라. 에휴, 어쩌려고 저러는지. 속상해."

엄마가 여기까지는 납득해서 다행이다.

"엄마, 동우가 공부는 안 했어도 엄마 속썩인 적은 없잖아. 그 리고 지금 이것저것 잘 준비하고 있더라고. 돈도 착실히 모으 고. 그리고 요즘엔 배달이 돈이 꽤 돼. 솔직히 내가 버는 것보 다 많이 벌더라. 너무 걱정 안 해도 될 거 같아."

"그래. 동우가 저리 까불까불해도 속이 깊어. 서기 네 집에 전 기 가스레인지 놔준 것만 봐도."

엄마가 말하는 전기 가스레인지는 인덕션이다.

결혼 전, 부동산을 계약하고 인테리어를 한다고 말하자 동우가 신기하다는 듯 웃으며 말했다.

"와. 이서기 대박이네. 나 한번 가봐도 돼?"

아빠가 인상을 쓰면서 꾸중을 한다.

"이동우. 너 매형 들어와도 누나한테 이서기라고 이름 불러? 앞으로 꼬박꼬박 누나라고 불러라. 아주 혼날 줄 알아."

동우가 우리집에 구경 오던 날은 마침 싱크대가 들어오던 날이었다. 한참 설치 중인 아저씨를 졸졸 따라다니면서 동우는 계속 물었다.

"여기 가스 안 놓고 전기 인덕션 써도 되죠?"

"아 뭐. 안 될 거 없죠. 근데 설치하긴 가스가 편해요."

동우는 없는 용돈을 탈탈 털어 신혼집에 인덕션을 놔줬다.

우리가 아주 어렸을 때, 우리 가족이 세 살던 연립주택에 불이 났던 그때, 나는 겨우 동우를 데리고 나와 동우의 작은 손을 꼭 잡고 불타는 집을 바라보고 있었는데, 동우는 그런 나를 보고 있었다. 정확하게는 동우 손을 꽉 잡고 있는 화상 입은 내 손을 보고 있었다.

화재사건 이후 나는 꽤 오랫동안 가스레인지를 켜지 못했다. 불이 무서웠다. 가스레인지 켜는 소리만 들어도, 가스 새는 냄새만 맡아도 손등이 아려오는 것 같았다. 그래서 나는 전자레인지만 사용했다. 맞벌이를 하는 부모님이 늦게 들어오시면 내가 동우의 끼니를 챙겨야 했는데 엄마는 그런 나를 알고 있어서 먹을 것을 미리 조리해서 냉장고에 넣어두셨다.

동우는 중학생이 될 때쯤부터 종종 라면을 직접 끓여 먹었다. 나도 컵라면 말고 파도 송송 썰어 넣고 계란도 탁 넣어서 보글보글 끓인 냄비 라면을 먹고 싶었는데 나는 그때도 가스레인지를 못 켰다. 근데 또 동생한테, 나 사실 불이 무서우니까 좀 끓여주면 안 되냐고 부탁하는 게 자존심 상해서 동우가 끓인 라면을 뻔뻔하게 뺏어 먹곤 했다.

"야 내놔. 나도 배고파."

평소 같으면 서로 잡아먹을 듯이 싸웠겠지만 동우는 내게 뭐라 하지 않고 끓인 것을 냄비째로 내게 내주었다. 그러고선 자기 몫의 라면을 다시 끓여 먹었다. 아, 한마디씩 군말을 하긴 했다.

"다음부턴 두 개 끓이라 해라. 사람 두 번 일하게 하지 말고."

기분 좋을 땐 나 대신 계란 후라이도 해주고 냉동만두도 구워줬다.

신혼집에 인덕션이 들어오던 날 나는 동우에게 문자를 보냈다.

[이서기] 고마워. 잘 쓸게. 그리고 나 이제 가스레인지 잘 써. 알고 있으라고.

답장이 왔다.

[동우] 잘났다.

내 말에 안심이 된 엄마는 말을 이어갔다.

"동우가 알아서 잘 하겠지. 나는 너희가 해보고 싶다는 건 다 하게 해주고 싶어."

"응 엄마. 걱정하지 말고 자."

전화를 끊고 엄마의 마지막 말을 생각해 본다. 엄마는 방금 엄마가 한 말 그대로, 내가 해보고 싶다고 하는 건 한 번도 말린적이 없었다. 그게 재수든, 삼수든, 대학교 자퇴든. 그냥 조마조마하고 마음 아파하면서 나를 지켜봤다. 말려도 어차피 그렇게 될 거란 걸 알고 있는 사람 같기도 했다.

나는 두 번째 행정고시에 떨어졌을 때 내 인생이 뭔가 잘못되어 가고 있다는 것을 깨달았다. 너무나 못난 나는 그 화살을 또 다른 곳으로 돌렸다. 힘들어하는 나를 가장 안타까워하고, 나를 아무 조건도 없이 사랑하는, 그래서 내게 제일 만만한 존재였던 엄마에게 화살을 돌렸다. 그래서 술을 잔뜩 먹고 들어가서 엄마에게 주정을 부렸다.

왜 날 안 말렸냐고, 다른 길을 가게 해주지 그랬냐고, 내가 재수 삼수하고 공시에서 이렇게 떨어질 때까지 왜 가만히 있었냐고. 도대체 뭘 하고 있었느냐고. 말도 안 되는 패악을 부렸다.

그러는 나를 말없이 바라보던 엄마의 절망적인 표정을 나는 아직도 잊지 못한다. 병원에서 화상 입은 내 손을 보며 일그러진 얼굴로 울던 과거의 그 표정 같았다.

내가 그렇게 엄마의 가슴에 쐐기를 박지 않았어도 엄마는 괴로워하고 있었을 것이다. 내가 하는 대로 내버려 두면서도 내 자식이 나 때문에 저렇게 된 건 아닐까, 하고 끝없이 자책했을 것이다. 엄마가 공을 들이고 들여 쏘아올린 나라는 별이 정상궤도를 벗어났을 때 엄마는 얼마나 조마조마했을까. 엄마의 소중한 별이 아예 방향을 잃고 제 기능을 상실한 채로 우주 쓰레기가 될까 봐 얼마나 속이 타들어 갔을까. 엄마를 생각하는데 갑자기 눈물이 나려고 한다.

그때 동우에게서 장문의 카톡이 온다.


[동우] 누나. 누나가 생각하는 안정적인 돈은 내가 하는 방법으

로는 벌 수 없어. 누나가 큰돈을 벌 수 있는 자유를 원한다면 안
정적인 건 포기하고 리스크 테이킹해야지.

그리고 혼자라도 좀 자주 와라. 아빠가 누나 맨날 목 빠지게 기
다리는데.

동우의 문자를 보며 내가 갈 때마다 버선발로 뛰어나와 나를
반기는 아빠의 반짝이는 눈동자를 생각한다.

눈가가 촉촉해지려는 그때, 박 계장에게서 카톡이 온다.

　　[박 계장] 저기. 우리 팀 전화랑 인터넷선 연결하는 것 말이야.
업체에서 내일 아침 8시에 와서 한다고 하는데 주무관님이 좀
일찍 갈 수 있나?

　　[이서기] 네. 알겠습니다.

다음 날 7시 50분.

나는 새로운 사무실에 도착해 인터넷과 전화선 연결을 도
왔다.

# 이 세상에 '안정적인 돈'이란 없다

얼마 전 우리 팀은 이사를 했다. 교육지원과 2팀 사무실 천장에 누수가 있었는데 점점 심해져 양동이로는 더 이상 감당할 수 없게 됐다. 그래서 사무실을 널널하게 쓰고 있던 4팀과 같은 사무실을 쓰게 됐다. 4팀 엄 계장은 자기 팀원을 아주 끔찍하게 챙겼다.

다른 팀의 누군가가 업무 협조를 부탁하려고 4팀 자리에 서 있으면 "이거 뭔데? 우리 주무관님들 바빠. 알아서 해" 또는 "우리 주무관님 요즘 임신 준비 중이야. 이렇게 일 갖고 와서 임신 안 되면 책임질 거야?" 같은 무시무시한 말을 내뱉는 것도 서슴지 않았다. 4팀 팀원들은 대외적으로는 부담스럽다고 하면서도 대내적으로는 그것을 적극적으로 이용했다.

엄 계장은 공사구분이 없었다. 아니, 항상 공 위에 사가 있었다. 엄 계장은 '공'무원이지만 팀원들의 '사'적인 일이 그녀가 해결해야 하는 1순위 업무였다. 팀원들은 점점 대담해졌다. 어머니, 아버지, 자녀, 형제, 심지어 조부모의 개인사정까지 끌어와 불쌍한 표정으로 자신의 고됨과 힘듦을 토로했다.

그렇게 팀원들이 도움을 요청하면 엄 계장은 결의에 찬 표정으로 내가 다 알아서 하겠다고, 반드시 자기가 막아주겠노라고 선포하고 갑자기 잔다르크에 빙의되곤 했다. 엄 계장은 팀원들의 방패가 되어주는 것은 물론, 필요할 때 칼이 되어 불특정 다수를 향해 무차별적으로 휘두르기도 했다. 4팀 사무실에 들어가던 날, 그 칼이 나를 향하게 될 줄은 꿈에도 몰랐다.

이사를 하고 나서 한 달 정도, 우리 팀은 미친 듯이 바빴다. 그 폭풍이 어느 정도 지나가자 내 후임인 김미연 주무관님은 내게 연수를 신청했다고, 2주 정도 자택에서 하는 재택연수라고 쭈뼛쭈뼛 말을 해왔다.

"네네, 잘하고 오세요, 미연 주무관님. 그동안 정신없으셨을 텐데 좀 쉬고 오세요."

그리고 2주 동안 알게 되었다. 나의 후임이 얼마나 자질구레한 일들을 군말 없이 해내고 있었는지.

엄 계장은 내 후임이 연수로 자리를 비운다는 말을 듣고는 내게 와서 말했다.

"이서기 주무관님. 그동안 여기 막내 주무관님 하던 것 좀 알아서 해줘~."

4팀은 성격상 자질구레한 취합업무들이 많았다. 엄 계장은 매일매일 청 직원 전부의 보고를 취합해야 하는 업무 하나를 떼어서 내 후임에게 지시해 왔던 것이다. 이사를 마친 바로 다음 날이었나, 한참 바빠서 정신없는 와중에 엄 계장이 내 후임 자리에 와서 하던 말이 뇌리를 스친다.

"이건 단순한 취합 업무라 아무나 해도 되는 거야~. 우리 팀 신규는 요즘 너무 일이 많아서. 이 정도는 해줄 수 있지?"

내 후임이 연수에 들어간 그날부터 내 메신저엔 불이 났다. 엄 계장이 앞으로 2주간은 이서기에게 보고를 하라고 청 직원 전체에 단체 쪽지를 뿌려 놨던 것이다. 어이가 없었지만 당분간은 비교적 한가하니까 2주만 참자, 하면서 이틀 정도 그 일을 했다.

그런데 후임이 돌아오면 그 일을 그대로 맡아 해야 한다는 사실과 항상 괴로워하지만 티를 안 내려고 애쓰는 그 얼굴을 떠올리니 갑자기 열이 받았다. 내가 시간강사를 하던 시절, 정교사들이 내게로 몰려와 시간당 고작 2만원을 받는 내게 자기들의 자질구레한 일들을 당연한 듯 던져놓고는 자기들끼리 웃고 떠들며 티타임을 가지던 모습이 떠오른다.

나는 행동하기로 결심한다.

엑셀 양식을 출력해서 자리를 박차고 일어나 4팀의 막내 주무관 자리로 간다. 그러곤 파티션을 두드려 똑똑 노크를 한다.

"주무관님, 이건 이 팀 총무가 하는 일이라서요. 보통 취합은 막내 주무관님들께서 하시고요. 이제 교육지원과 취합은 주무관님이 해주세요."

4팀 막내 주무관은 대답도 안 하고 파티션 위로 고개를 들어 내 얼굴을 잠시 본다. 그러고는 자리에 그대로 앉아서 퉁명스럽게 말을 한다.

"이거 제 업무분장에 있는 일이에요? 제가 알기론 아닌데?"

나는 대꾸하지 않는다. 무표정으로 출력한 엑셀 파일을 막내 주무관의 책상에 놓는다. 그리고 무미건조한 말투로 말한다.

"보고는 이제 교육지원과로 해달라고 제가 단체 쪽지 뿌리겠습니다."

간단히 용건을 전달하고 자리에 와서 하던 일을 계속했다. 4팀 막내 주무관은 자기가 화났다는 걸 좀 알라는 듯이 하, 하고 한숨을 크게 쉬며 자리를 박차고 나갔다. 그 모습을 보고 있던 팀원들이 줄줄이 따라나간다.

한 시간 정도 지났을 무렵, 4팀 팀원 세 명과 엄 계장이 한꺼번에 우르르 사무실로 들어온다. 엄 계장은 사무실 문을 신경질적으로 닫는다. 그 네 명은 힘없는 후배 한 명을 패러 몰려온 일진 무리처럼 지금 내 앞에 서 있다.

대장이 말을 한다.

"이서기 주무관. 우리 신규한테 일 시켰어?"

조금 놀라긴 했지만 그렇게 당황하지도 않았다. 예상했던 일이다. 엄 계장의 옆의 옆에 4팀 막내 주무관이 팔짱을 끼고 서 있다. '너 우리 언니한테 한번 혼나봐라' 하는 표정이다.

"아니요 계장님. 일을 시킨 게 아니라 원래 4팀 일이었던 걸 돌려드린 거예요."

내 말이 끝나기가 무섭게 엄 계장은 융단폭격을 시작한다.

"아니, 단순히 취합하는 일에 니 일 내 일이 어딨어? 취합은 원래 사무실에서 제일 막내가 하는 거야. 이 팀 막내가 우리 신규보다 2달 늦게 들어온 거 알고 있어? 그리고 내가 이서기 주무관한테 시켰어? 지금 2팀 막내가 없으니까 시킨 거잖아? 그럼 그 윗선임이 대신하는 게 당연한 거 아니야?"

나도 점점 참을 수가 없다. 엄 계장의 말엔 논리가 하나도 없다.

"그렇게 따지면 지금은 더더욱 교육지원과 막내 주무관님이 하셔야 하지 않나요? 이 사무실에서 저는 이제 3년 차고 막내 주무관님은 1년 차…"

말을 끝내려는데 엄 계장 얼굴이 갑자기 시뻘게진다. 그러면서 갑자기 사자후를 토한다.

"아니지! 왜 우리 신규를 자꾸 들먹여! 내가 너한테 직접 지시한 거잖아! 나 6급이야. 3년 차? 난 17년 차야! 할 말 있어?!"

무논리 앞에서 논리는 힘이 없다. 이 일진 무리에게 두들겨 맞고 있는 이 순간 나는 우리 팀을 둘러본다.

평소 같으면 허 주무관님이 내 자리로 달려오셔서 사람 좋은 얼굴로 '오해다, 화 푸셔라' 하며 말리셨겠지만 허 주무관님은 이미 떠나고 없다.

내 후임은 지금 이 자리에 없지만, 있었어도 아무 말도 못 하고 벙쪄 있을 것이다. 공익요원 동민 씨는 이 상황을 흥미롭게 관전하고 있다.

그렇다면 마지막으로 박 계장. 박 계장은 모든 촉각을 곤두세우고 있어 이 난장판을 온몸으로 느끼고 있지만 절대 나서지 않는다. 미동도 없이 자리에 앉아 있다. 마치 제발 자기를 투명인간 취급해 달라는 듯이 숨소리도 안 내고 있다. 지금 이곳에 아군이 있을 거라는 희망을 버린다.

평소 같았으면 어떻게 들어간 직장인데 그냥 좋게 좋게 넘어가야지 하는 생각으로 '제가 착각했습니다' '시정하겠습니다' '죄송합니다' 했겠지만 이번 만큼은 그럴 수가 없다. 표정 관리를 할 수가 없다. 내가 참을 수 있는 한계를 넘어섰다.

박 계장 자리를 잠깐 보다가 엄 계장 얼굴을 똑바로 쳐다본다. 5초 정도의 침묵으로 대답을 대신한다.

"어머머머. 저 눈 좀 봐. 누구 하나 잡아먹겠네 아주! 표정 관리 똑바로 안 해? 여기가 집인 줄 알아? 공과 사 구분 안 해?"

누구보다 공과 사를 구분 안 하는 엄 계장이 나에게 공과 사를 논하고 있다. 이때 나는 가면을 벗고 있었으니 엄 계장이 말한 '저 눈'은 내 동생 동우가 놀려대던 뱀눈이었겠지.

나는 아무 대답도 안 하고 책상에 있던 핸드폰을 챙겨 화난 발걸음으로 사무실을 나온다. 잔다르크 씨는 내 뒤통수를 향해 멈추지 않고 칼을 휘두른다.

"아니, 무슨 저런 하극상이 다 있어!"


나는 건물 뒤편 주차장으로 나와 혼자 씩씩댄다. 지금 이 순간 제일 어이없는 것은 방관자처럼 저 자리에 앉아 투명인간 행세를 하는 박 계장이다. 몇 달 전 점심식사를 할 때 비슷한 일이 있었다. 다른 팀에서 자꾸 내 후임 앞으로 일을 넘기자 힘들어하는 후임을 보다 못한 허 주무관님이 박 계장에게 부탁한 적이 있다.

"계장님. 업무분장상 그 팀 일이 맞는데 아무 이유 없이 자꾸 저희 막내 주무관님한테 일을 떠넘기더라고요. 저희 이번 달 마감쳐야 하는 업무도 많고…. 계장님이 그쪽에 말씀 좀 잘해주시면 안 되나요?"

박 계장은 좀 전까지 같잖은 농담 따먹기를 하다가 순간 정색하며 허 주무관님을 바라본다. 그러다 딱 잘라 말한다.

"그런 일이라면 제가 해줄 수 있는 일이 없어요."

그러고선 후임을 바라보며 훈계한다.

"주무관님. 여기는 직장이고 누가 대신 뭘 해주는 곳이 아니야."

후임은 귀가 시뻘게져서는 안절부절못한다.

"아니… 저 그게 아니라…."

박 계장은 한심하단 눈빛으로 후임을 본다.

"아직 어려서 모르나 본데 사회생활은 각자도생이에요."

반은 틀리고 반은 맞는 말이다. 박 계장은 6급을 달자마자 당당하게 모든 실무에서 손을 뗐다. 자기가 관리자가 된 것을 으

스댔다. 하지만 관리자는 실무를 안 해도 되는 사람이란 뜻이 아니다. 이 기계가 잘 굴러가도록 나사끼리의 마찰이 있을 땐 기름칠을 해주고, 다른 기계에서 처리하지 못한 일을 일방적으로 넘기려고 하면 우리 기계의 불쌍한 나사들을 위해 완곡하게 거절할 줄 알아야 한다. 이렇게 조직 전체의 조화를 위해 일해야 하는 존재다. 그러라고 앉아 있는 존재다. 그런데 박 계장은 저 자리에서 스스로 선언했다.

나는 더 이상 일을 하지 않겠다고.

나는 그런 일을 할 만큼 유능하지 않다고.

나는 사실 깜냥도 안되는데 나이가 차서, 연차가 차서 운 좋게 이 자리를 꿰찼다고. 그러므로 내 기계에 속한 너희들은 아주 불행한 나사들이라고.

엄 계장은 또 어떠한가.

'나 17살인데 너 고작 3살이지? 그럼 내 말이 다 맞고 네 말은 다 틀려' 하는 이제 막 중 2병에 걸린 중학생 같았다.

그런데 따지고 보면 나도 이제 1살 된 신생아에게 잘못을 돌렸다. 이들과 달라지고 싶지만 점점 비슷해져 가고 있다는 걸 항상 느낀다.

나는 어느새 이들과 같은 길을 가고 있다. 갑자기 머리가 지끈지끈 아프다.

# 아무리 그래도 공무원이 최고야

어느덧 일한 지 2년 5개월이 되어간다. 난 8급으로 승진했다. 공문으로 승진 명단을 확인한 엄 계장이 사무실 사람 모두가 들으라는 듯이 크게 말한다.

"하! 3년 차라고 그렇게 잘난 척을 하더니 이제 8급 달았으니까 얼마나 더 의기양양할 거야?!"

월요일 아침부터 시작된 엄 계장의 비아냥에 눈을 질끈 감는다. 파티션 밑으로 고개를 박는다. 엄 계장은 뒤끝이 심한 사람이었다. 그 일이 있고 나서 모든 일을 제치고 여기저기 나를 욕하고 다니기 바빴다. 나는 감히 9급 주제에 하늘 같은 6급을 잡아먹으려고 하극상을 부린 위아래도 모르는 무개념 직원이 되어 있었다.

엄 계장은 내 욕을 하고 다니면서 마치 땅따먹기 하듯이 자기의 의견에 동참하는 사람을 자기의 파벌로 편입시켰다. 그 파벌 안에는 엄 계장에 의해 혜택을 본 사람, 혜택을 볼 수도 있는 사람, 혜택을 받고 싶은 사람들이 포함되어 있었다. 그녀의 파벌에 속한 것 같은 사람들은 나를 아주 냉소적으로 대했다. 예전엔 먼저 아는 척하던 사람들이 이제는 인사도 받아주지 않았다.

하지만 이 세상 모든 일은 동전의 양면, 빛과 그림자 같아서 그 반대 파벌 또한 존재했다. 그들은 먼저 연락을 해왔다.

— 서기 주무관님, 오늘 저희랑 저녁식사 같이 하실래요?

평소엔 그냥 눈인사만 하던 잘 모르는 주무관들이었다. 그들은 모두 엄 계장의 칼부림에 의해 내쳐지거나 상처받은 과거의 액받이들이었다. 그들은 엄 계장의 현재 액받이를 담당하고 있는 나를 위로했다.

"에휴. 주무관님 힘들지? 나는 그 여자 때문에 억지로 둘째가져서 육아휴직 들어갔잖아."

"맞아. 그 여자 한번 찍었다 하면 아주 말라 죽을 때까지 사람을 갈궈. 나는 견디다 못해 과장한테 말해서 별관으로 옮

171

겼어.”

“근데 또 시간 지나면 잠잠해지기도 하더라. 앞으로 한두 달 정도는 못살게 굴거야. 뭐라 하든 말든 그냥 무시해. 절대 대꾸하지 마.”

처음에는 조금 위로가 됐지만, 나는 이들의 얼굴에 잠깐씩 비끼는 안도감을 봤다. '현재의 타깃인 이서기가 없었다면 어쩌면 그게 다시 내가 되었을지도 몰라' 하는.

사실 이들 또한 엄 계장의 파벌놀이에 동참하고 있는 것과 다름없었다. 이들도 역시 자기들의 파벌에 한 명이 더 편입된 것을 축하하고 있었다. 나는 그 자리에서 억지로 웃고 있었지만 씁쓸했다.

나는 8급으로 승진된 것을 시보를 뗐을 때처럼 바로 주변에 알리지 않았다. 어떤 노력 없이 그냥저냥 시간이 가져다준 이 성과를 사람들이 축하해 주도록 놔두고 싶지 않았다. 내가 노력하지도 않았는데 노력한 것으로 착각할까 봐, 또는 내가 잘한 것도 아닌데 잘한 것으로 착각할까 봐 그렇다.

애써 8급이 되어서 나아진 것을 찾아본다. 월급명세서에 기본급이 2만 원 정도 올랐다. 그렇다면 잃은 것을 찾아본다. 어딜 가나 짠하게 인식되고 더 이상 갈 곳 없는 사람들의 마지막 희망이자 최후의 보루인 9급 공무원의 이미지를 잃었다.

'월 160 버는 9급 공무원, 2030세대의 민낯과 삼포세대'
'믿을 구석 없는 헬조선의 흙수저, 9급 공무원으로 몰려'
'9급 공무원 시험 연기 일정에 전국 수십만 갈 곳 없는 공시생 패닉'

사람들의 동정심을 자극하는 인터넷 기사에 9급 공무원 이야기는 있어도 8급 이야기는 없다. 그렇다면 나는 이제 불행한 2030, 삼포세대, 흙수저를 모두 졸업한 것일까. 이젠 불쌍하지 않은 것일까. 고작 2만 원의 차이가 이렇게 큰 것일까.
그렇게 염세주의에 빠져 있다가 또 금세 내가 배배 꼬였나? 엄마에게 말하면 얼마나 좋아할 건데, 하는 생각이 든다.
엄마에게 전화하려고 핸드폰을 들고 사무실을 나가려고 하는데 친한 동기 은주 언니로부터 메시지가 온다. 은주 언니는 다른 기관에서 일하고 있다.

[은주 언니] 너 엄혜진 계장이라고 알아?
[이서기] 나랑 같은 사무실 쓰는 팀 계장이야. 왜?
[은주 언니] 그 사람이 지금 우리 청에 와서 니 얘기 하는 거 같

아서…"

은주 언니가 일하는 기관은 우리 청에서 차로 한 시간 넘게 가
야 하는 외진 곳에 있다. 정말 동에 번쩍 서에 번쩍 하는 사람
이구나.

[이서기] 그래? 뭐라는데?"
[은주 언니] 그냥 욕…. 싸가지 없는 게 하나 사무실에 들어와서
출근하기도 싫다고. 새파란 8급 무서워서 직장 다니겠냐고. 무
서워서 무슨 말을 못 하겠대. 너 맞아?"

헛웃음이 나온다. 이제 하다 하다 다른 기관에 친히 출장까지
가서 내 욕을 하고 있다. 머지않아 내 소문이 전국구로 퍼질
것도 같다. 근데 생각해 보면 그 사건이 있던 이후로 엄 계장
과 4팀 팀원들은 내 뒤에선 나를 미친 듯이 까고 다녔을지언정
내 앞에서 직접 뭐라고 한 적은 없다. 내가 뱀눈을 하고 엄 계
장을 뚫어지게 쳐다보던 그 몇 초간, 당황하면서 움찔하던 엄
계장의 표정이 생각난다. 어이없어 실소를 내뱉으며 키보드를
두드린다.

[이서기] 어어 맞아. 그 여자가 말하는 거 나 맞아. 엄 계장이 내가 무섭나 보지. 그래서 그렇게 나만 보면 깡깡 짖어대나 보다. 하하….

언니에게 그렇게 답을 보내긴 했지만 나도 내심 걱정이 된다. 한 귀로 듣고 한 귀로 흘리는 데에 꽤 도가 튼 나지만, 언제까지 저렇게 사사건건 트집 잡고 비아냥거릴까, 혹시 그 끝이 없는 건 아닐까 걱정이 됐다.

점심시간에 혼자 점심을 먹으면서 엄마에게 전화를 건다. 엄마에게 내가 요즘 겪고 있는 일을 20분에 걸쳐 소상히 말했다. 계속 저럴까 봐 걱정된다고, 아침부터 나를 갈굴 때는 그만두고 싶은 생각도 든다고.

엄마는 항상 나를 말린 적이 없으므로 나는 이번에도 엄마가 '그래, 네가 힘들면 그만둬'라고 할 줄 알았다. 사실 그렇게 말해주길 바랐다. 그런데 이번에는 달랐다.

"서기야. 그래도 요즘에 공무원만 한 직업이 없어. 공무원이 최고야. 알지? 우리 아파트 3동에 누구 딸도 이번에 코로나 땜에 실직했대. 요 앞에 동아아파트 사는 아줌마 아들도 38살인데 회사에서 나오지 말라고 한다더라. 그리고 남의 말은 3일이야. 금방 지나가."

175

엄마는 나를 말린다. 누구누구의 예시를 들어가면서 아주 구체적으로.

나는 좀 당황스럽다. 그러면서도 엄마가 걱정된다. 말은 저렇게 했어도 분명 내 걱정에 잠 못 이룰 사람이다. 그래서 승진 사실을 커밍아웃하기로 한다.

"엄마, 나 승진했어. 이제 9급 아니고 8급이야."

엄마는 뛸 듯이 기뻐한다.

"아이고. 그래 그래. 잘했다 내 딸. 잘했어! 엄마가 딸내미 때문에 일할 맛이 난다."

엄마는 내가 시보를 뗐다고 말했을 때 했던 말을 똑같이 또 하고 있다. 그렇게 또 좋아하고 있다.

나는 전화를 끊고 밥을 먹는 둥 마는 둥 하다가 현우에게 전화를 한다. 현우는 엄 계장과 나의 사건을 알고 있다.

"엄 계장이 오늘은 다른 기관까지 출장가서 내 욕하고 다닌다고 하더라고. 나 진짜 스트레스 받아. 다 관두고 싶은 심정이야."

현우는 잠시 말이 없다가 대답한다.

"뒤에서 욕하는 건 신경 쓰지 마. 그냥 치와와 한 마리라고 생각해. 겁에 질리면 오히려 짖어대는 개일 뿐이야. 시끄럽게 짖어대도 자세히 보면 뒷걸음질 치고 있잖아. 정말 너를 해할 거

였으면 진즉 달려와서 너를 물었겠지."

현우 말이 위로가 된다. 하지만 현우도 에둘러서 나에게 그만
두는 건 안 된다, 참아야 한다는 말을 하고 있다. 나도 사실 그
만둘 생각은 없었지만 '네가 힘들면 그만둬도 돼'라고 말해주
는 사람이 있으면 좋겠다고 생각했다. 이렇게 거지 같은 직장
이, 나라는 나사가 속해 있는 이 녹슨 고물 같은 기계가, 내가
반드시 지켜야 하는 전부라고 생각하기 싫었다.

그렇게 점심시간을 보내고 사무실로 돌아와 업무를 한다. 엄
마와 현우에게 전화하고 난 후라 그런지 엄 계장이 사무실에
있어도 그냥저냥 시간이 잘 흘러간다. 괜히 엄마와 현우에게
걱정을 끼쳤나 싶다.
그렇게 나름대로 평화롭게 업무를 마무리하고 있는데 바로 옆
에 앉아 일을 하고 있는 후임이 나에게 대화를 걸어온다.

　[김미연 주무관] 주무관님, 괜히 저 때문에 죄송해요.

내 후임은 그 사건 이후로 교육지원과의 허드렛일을 더 이상
하지 않아도 되었다. 엄 계장은 그 일이 있고 나서 아예 우리

팀 쪽으로는 1미터 이상 접근도 안 했다. 그리고 그 일은 내가 후임을 지키기 위해 한 일은 아니다. 난 그렇게 인간적인 사람이 아니다.

[이서기] 아니에요. 그냥 언젠가 한번 했어야 하는 일이었어요. 신경 쓰지 마세요.
[김미연 주무관] 흠… 근데 주무관님. 혹시 이 일 때문에 교육지원과 주무관님들이랑 엄 계장님이 저도 같이 싫어하시는 건 아닐까요? 그럴 바엔 그냥 전에 하던 일 제가 해도 되는데…. 제가 하겠다고 다시 말해볼까요?

이것이 본론이었다. 욕은 내가 다 먹고 있는데 후임은 자신의 안위를 걱정하고 있었다.

후임은 인정 욕구가 강한 사람이었다. 모두에게 인정받고 싶어 하고, 모든 일을 잘하고 싶어 했다. 그래서 누가 어떤 부탁을 하건 웃는 얼굴로 항상 네엡, 하고는 정말로 11시까지 매일 야근을 해가면서 완벽하게 일을 해냈다. 그래서 사람들은 말했다. 신규 같지 않은 신규가 들어왔다고.

내 후임은 그 말을 자랑스럽게 여겼다. 사람들은 그것을 또 적극적으로 이용해 아무 연관성도 없는 일을 들고 와 칭찬 한마디와 함께 던져놓고 갔다.

후임은 그렇게 항상 완벽해야 하고 모든 일을 잘해야 하며 신규지만 신규 같지 않아야 한다는, 자기가 만든 굴레에 갇혀 항상 괴로워했다. 한 달이 넘게 보상도 없는 교육지원과의 일을 도맡아 해놓고서는 오히려 하나도 고마워하지도 않는 그들이 자기를 싫어할까 봐 노심초사하고 있었다. 나는 그 모습이 짠했다. 꼭 내 예전 모습 같았다.

우리 동네 중학교에서 1주일에 10시간까지 하는 시간 강사 자리를 구했을 때 나는 마치 취직을 한 것처럼 기뻤다. 고작 시간당 2만 원짜리 땜빵이었는데 진짜 선생님이라도 된 것 같은 착각이 들었다. 의욕이 넘쳤던 나는 교무실의 모든 일을 도맡아 했다. 사실 수업시간만 채우고 바로 집으로 오면 되는 것이었는데 각종 수행평가, 학습지 만들기, 심지어 행정 업무까지 하느라 수업시간이 끝나고도 두세 시간씩은 더 학교에 머물었다.

정교사들은 그런 나를 칭찬했다. 어리고 착하고 싹싹하고 실력 있는 쌤이 들어왔다고 나에게 각종 수식어를 붙여줬다. 나는 그 말들을 진짜라고 여겼다. 그 말들은 곧 나를 정의하는 프레임이 되고, 나는 그 틀 안에서만 행동해야 했다. 나에게 씌워진 타이틀을, 좋은 평판을 난 꼭 지켜야만 했다.

그래서 내가 하는 모든 수업과 내가 만든 모든 학습지들은 최고여야 했고 행정업무를 익히기 위해 나이스매뉴얼을 공부했다. 단 한 번의 실수도 허락하지 않았다.

어느 날 정교사들은 나에게 시험 문제를 출제해 보겠냐고 물었다. 나는 당연히 거절하지 않았다. 아니, 거절은커녕 내가 드디어 실력을 인정받았구나, 하면서 제안을 받아들였고 벅찬 마음으로 밤을 새워 준비했다.

그렇게 내가 처음으로 만든 시험 문제지는 정교사들의 검토를 한두 번 거친 후에 그대로 인쇄소에서 출력되어 시험지로 쓰였다. 지금 생각해 보면 정말 아찔한 일이다. 나는 거기서 강사를 하기 전까지 과외 한번 해본 적이 없는 생초짜였다. 문제가 생긴 건 시험을 치르고 며칠이 지난 후였다.

어느 학부모가 교무실로 전화를 했다. 내용인즉슨 본인이 모 대학교 영문학과 교수인데 시험문제에 오류가 있다고, 복수 정답으로 처리해 달라는 민원이었다. 이 일로 온 학교가 떠들썩해졌다. 그동안 나에게 아낌없는 응원과 칭찬을 보내던 정교사1, 2와 긴급회의를 열었다.

그들은 복수 정답을 인정할 순 없다고, 그러면 일을 한 번 더 해야 한다며 완강하게 반발했다. 그리고 나를 죽일 듯이 노려봤다.

그 교수 학부모는 한술 더 떠 변호사인 남편을 대동해 학교에 찾아왔다. 그들은 교무실에서 내가 낸 시험문제지에 빨간펜으로 엑스 표시를 쳐가며 이게 왜 영어학적으로 오류인지, 왜 아주 형편없는 문제인지 30분 이상 설교했다. 그러고선 당장 시정하지 않으면 할 수 있는 모든 법적인 조치를 동원하겠다고 했다.

교무실의 모든 선생님들이 조용히 그 상황을 듣고 있었다. 나는 시중을 들다 주인님의 몸에 생채기를 낸 죄로 동네 사람들 앞에서 모두 보란 듯이 공개적으로 멍석에 말아져 흠씬 두들겨 맞고 있는 노비가 된 기분이었다. 일은 그렇게 걷잡을 수 없이 커졌고 교감, 교장 선생님까지 나서서 어떻게든 수습해야 했다.

교장실에 불려간 나와 정교사 1, 2는 죄인처럼 두 손을 모으고 서 있었다. 교장이 매우 언짢은 얼굴로 시험지를 보며 질문한다.

"12번이 오류난 거 맞아요?"

"네, 맞습니다."

정교사 1이 대답한다.

"이거 누가 냈죠?"

"이서기 선생님이 냈습니다."

정교사 2가 눈짓으로 나를 가리키며 대답한다.

"못 보던 얼굴인데?"

"아, 올해 채용된 시간강사입니다."

대답을 듣자마자 교장이 노발대발하며 정교사 1, 2를 향해 시험지를 내팽개친다. 시험지가 펄럭이며 바닥으로 떨어진다.

"아니! 이렇게 검증도 안 된 사람한테 그럼! 시험지를 맡긴 거야?! 다들 제정신이야?!"

그렇게 교장실에서 정신없이 깨지고 난 후 복도로 나온 정교사 1, 2는 나에게 쏘아붙였다.

"이서기 쌤이 다 책임지세요. 이것 땜에 추가되는 일 혼자 다 하셔야 될 거예요. 아시겠어요?"

결국 문제가 된 12번은 복수 정답으로 처리하기로 하고 그 잔업은 내가 모두 맡았다. 다들 퇴근하고 난 빈 교무실에서 나는 울면서 OMR 카드를 정리하고 수정했다. 그렇게 나는 모든 책임을 떠안고 일방적으로 계약 해지를 당했다.

학교에서도 그게 최선이었을 것이다. 학교의 맨 끝 라인, 꼬리에 달랑달랑 붙어서 연명하던, 비정규직인 나에게 모든 책임을 물리고 꼬리 자르기를 하는 것이 조직을 해치지 않는 가장 간단한 방법이었을 것이다. 그 학부모도 누구 하나 잘리거나 다쳐야 성에 찰 것이었으므로 이 시나리오는 완벽한 것이었다.

하지만 잘려나간 꼬리는 더 이상 기능을 할 수 없게 됐다. 꼬리의 아픔은 누구도 관심이 없었다. 나는 아주 잠시 선생님의 꿈을 꾸었다가 그 일 이후로는 그것에 관한 모든 꿈을 접었다. 교장이 말했던 '검증 안 된 사람'이라는 말이 그 이후로 몇 년간 나를 졸졸 따라다녔다. 나는 나를 검증하기 위해 무던히 애쓰며 살았다. 그리고 검증에 실패할 때마다 좌절했다.

그러다 마지막에 겨우 9급 공무원이라는 타이틀을 달았다. 그렇게 나 자신을 겨우 검증했다.

나는 후임에게 뭐라고 답해야 할지 고민한다. 평소처럼 업무와 관련되지 않은 질문은 그냥 무시할까도 생각한다. 나는 그동안 후임에게 일부러 거리를 뒀다. 업무 매뉴얼, 기안 상신하는 방법, 공문을 쓸 때 띄어쓰기는 몇 번 해야 하며, 구두점을 어디에 찍어야 하는지까지 아주 세세하게 가르쳤지만, 개인적인 상담 같은 것엔 잘 모르겠다고만 답했다. 타인의 인생에 감정적으로 개입하고 싶지 않기 때문이다.

하지만 그때 빈 교무실에서 혼자 울던 내가 생각나서 이번엔 그냥 지나칠 수가 없다.

나는 진지하게 장문의 글을 쓴다.

[이서기] 주무관님. 사람들은 대개 99번 못 해주고 1번 잘해준 사람에겐 고마워하고, 99번 잘해주다 1번 삐끗 실수한 사람을 욕해요.

그 사람들의 기대는 밑 빠진 독과 같아서 주무관님이 열과 성을 아무리 쏟아붓는다 해도 채워지지 않을 거예요. 주무관님이 노력하면 할수록 오히려 더 많은 것을 내놓으라고 요구하겠죠.

그러니 주무관님이 꼭 해야 되는 일과 안 해도 되는 일의 경계를 지으세요. 그리고 꼭 지키세요. 그 경계를 흐리려는 사람들과 타협하지 마세요.

평판을 위해서 자기를 팔지 마세요. 평판이라는 남이 씌운 프레임에 스스로를 옭아매지 마세요. 더 이상 자신을 궁지에 몰아넣지 마세요.

그리고 굳이 더 노력하지 않으셔도 이미 그대로 충분해요. 이 말을 명심하세요. 그리고… 스스로를 너그럽게 대해주세요.

# 공무원은 출퇴근이 재테크지

나는 엄 계장 때문에 속이 시끄러웠지만 일단 이번에 8급으로 승진한 발령 동기들과의 축하 파티에 나가기로 한다. 단톡방에 올라온 링크를 눌러 지도를 켜서 열심히 화살표를 따라가 어느 호프집 앞에 선다.

호프집에 들어가니 내가 알던 얼굴들이 이미 모여 건배를 하고 있다.

"어어~ 서기야. 여기 앉아!"

다들 행복한 얼굴로 승진을 축하하고 있다.

"야야 다들 고생했다."

서로를 토닥이고 웃고 떠드는 자리가 즐겁다. 나도 이 순간만큼은 다 잊는다. 이것은 그저 시간이 데려다준 성과라며 이미 세상 다 살아낸 노인네처럼 굴지 말고 이곳의 젊은이들과 함께 이 자리를 온전히 즐기기로 한다.

인원이 20명이 되다 보니 조금씩 무리를 지어 앉았다. 단톡방에서 유난히 말이 많던 준호, 연수원에서 친해졌고 부동산에 관심이 많은 은주 언니와 셋이 한 테이블에 앉는다.

평소 재테크에 열심인 은주 언니가 돈 이야기를 시작한다.

"우리 이번에 8급 돼서 월급 2만 원 오른 거 알아? 너무하지 않나 진짜."

나와 비슷한 생각을 했다니. 나는 맞아 맞아, 하며 격하게 공감한다. 언니는 말을 이어간다.

"진짜 이렇게 쥐꼬리만 한 월급으로 어떻게 재테크를 해보겠냐고."

뻥튀기를 한주먹 집어 입에 털어넣으면서 준호가 말한다.

"에이 누나. 공무원은 출근하는 게 재테크야. 그렇게 아등바등할 필요 없어."

"아니야, 요즘에 명예퇴직 하는 공무원도 많고, 우리가 하는 단순 업무는 키오스크 같은 걸로 대체될 수도 있어. 우리가 쓰는 시스템도 수시로 개편되잖아. 10년, 20년 후엔 공무원도 명예퇴직 하라고 압박 받을 수도 있어. 만일에 대비해서 먹고살 준비는 해놔야지. 세상이 너무 빠르게 변해."

키오스크 같은 것은 생각도 못했다. 갑자기 두려워진다.

"누나 내가 중요한 거 말해줄까? 공무원은 퇴직해도 공무원이
야. 왜냐면 연금이 매달 따박따박 나오니까~."

나는 준호의 말에 내심 안심하면서 대화를 듣는다. 은주 언니
가 준호의 농담에 개의치 않고 진지하게 고민을 이야기한다.

"나 사실 다른 직렬 다시 시험볼까 고민 중이야. 월급 조금이
라도 더 받고, 마통 한도 조금이라도 더 나올 수 있는 직렬로.
예를 들면 법원직이나 국회직."

은주 언니는 새로운 목표를 찾고 있다.

준호가 안주로 나온 치즈 계란말이를 젓가락으로 집으며 말
한다.

"누나 근데 그게 의미가 있나? 김 대감 집에서 박 대감 집으로
옮겨가는 것뿐이지 뭐가 다르겠어? 김 대감은 하루 세 끼 주는
데, 박 대감은 거기에 주전부리도 챙겨준단 말이네. 안 먹고 안
하고 만다 나는."

준호의 말도 일리가 있다. 누구는 더 안락한 우물을 찾아보고
누구는 이 우물에 만족한다.

그렇게 이야기를 하다가 엉덩이가 가벼운 준호는 더 즐거워
보이는 옆 테이블로 옮겨 간다.

모두가 즐거운 8급 승진 축하 파티에서 혼자 울상을 짓고 맥주를 찔끔찔끔 넘기던 나는 더 이상 맥주가 먹고 싶지 않았다. 맥주도 미지근하고 계란말이도 비리고 뻥튀기도 눅눅했다. 그냥 그곳에 있는 모든 것들이 맘에 안 들었다. 무엇보다 어디에 가나 주변인 행세를 하며 울상처럼 앉아 있는 내가 제일 맘에 안 들었다. 나는 자리를 털고 일어나 터벅터벅 밖으로 나온다.

호프집에서 나와 버스 정류장에서 버스를 기다린다. 해가 길어져 아직 새까만 밤은 아니다. 들숨을 크게 들이키는데 초여름 냄새가 난다. 정류장 벤치에 앉아 멍하게 노을을 바라보고 있는데 현우에게 전화가 온다.

"여보세요? 서기야. 몇 시쯤 끝나? 데리러 갈게."

"나 일찍 나왔어. 버스 타고 가려고 버스 기다려."

"그래? 그럼 장모님 댁에 가 있어. 거기서 가깝잖아. 나 2시간 정도면 끝나. 같이 가자."

"알겠어. 마무리 잘하고 와."

전화를 끊고 친정으로 가는 버스의 도착 시간을 확인한다. 무심코 길 건너편을 보는데 만두 가게가 보인다. 버스 정류장 벤치에서 일어나 횡단보도를 건너 고기만두와 찐빵을 산다.

아빠는 만두와 찐빵을 무척 좋아한다. 그래서 집 냉동고에는 항상 업소용 싸구려 냉동만두가 가득 채워져 있다. 아빠는 전자레인지에 돌려먹는 5개들이 한 줄짜리 찐빵은 비싸다고 사 먹지 않는다.

따끈따끈한 만두와 찐빵을 사 들고 버스를 타고 친정에 도착했는데, 아파트 정문에 화려한 현수막이 여기저기 걸려 있다.

대한민국 아파트 브랜드 1위 GS자이가
달래아파트를 명품 단지로 만들겠습니다.
- GS건설 임직원 일동

달래아파트와 함께 고품격 재건축 성공을!
대우건설이 기원합니다.
- 푸르지오 대우건설 임직원 일동

달래아파트의 빠른 사업추진을
힐스테이트가 응원합니다.
- 현대엔지니어링 임직원 일동

재건축 사업을 준비하는 추진위원회가 걸어 놓은 현수막이 수도 없이 바뀌는 동안에도 난 아무 실감도 못 했는데, 이것들을 보니 갑자기 실감이 나면서 가슴이 벅차오른다.

설레는 얼굴로 돋보기를 쓰고 재건축 관련 서류를 훑어보던 아빠 모습이 떠오르면서 지금 아빠가 얼마나 좋아하고 있을까, 얼마나 행복해하고 있을까 생각하니 아빠가 빨리 보고 싶어진다. 빠른 걸음으로 걸어서 집 번호키를 누르고 들어간다.

"어어? 웬일이야. 공 서방도 같이 왔어?"

"아빠는 딸이 와도 사위만 찾아? 자, 이거."

아빠가 내가 건넨 하얀 비닐봉지를 받아 들여다보며 말한다.

"뭘 맨날 이렇게 사와. 너희나 사 먹지."

"엄마는?"

나는 집을 둘러본다.

"동네 아줌마들이랑 시장 갔다. 거기가 낙지랑 전복이 싸다고 사러 갔어."

아빠는 냉장고에서 식혜를 꺼내 컵에 따른다. 식혜에 있는 밥풀을 안 먹는, 편식이 심한 다 큰 딸에게 주려고 밥풀이 한 톨이라도 딸려 나올까 조심조심 졸졸졸 설탕물만 따른다.

"전복? 나 전복 안 먹잖아."

아빠가 식혜를 내 쪽에 놓는다. 그러고선 만두를 꺼내 식탁에 펼쳐놓고 젓가락을 놓으며 말한다.

"공 서방이 좋아하잖아. 니 입만 입이여?"

아빠는 찐빵 하나를 꺼내 반으로 쪼개 나에게 건넨다.

"너도 먹어라. 아직 따끈따끈하네."

아빠는 찐빵 이까짓 건 고작 밀가루 반죽에 팥소가 조금 들어간, 돈 주고는 절대 못 사먹을 음식이라고 욕을 하면서도, 나나 동우가 가끔 집에 사 들고 가면 아이처럼 신난 얼굴로 쪼개 먹는다.

퇴근길 아빠가 사온 치킨 한 마리를 세상 다 가진 것처럼 행복한 표정으로 먹는 나와 동우를 흐뭇하게 보고 있었던 아빠의 마음이 이랬겠구나, 생각한다.


"아냐 난 안 먹어. 아빠 다 먹어. 그나저나 아파트 정문에 현수막 엄청 붙었던데, 봤어?"

아빠는 찐빵을 먹으면서 입꼬리를 씰룩씰룩한다.

"별것도 아니야. 저렇게 호들갑들 하다가 2군 업체 들어오면 어떡하려고 저러는지. 쯧."

아빠는 나처럼 좋은 일이 생겼을 때는 깎아내리고 나쁜 일이 생겼을 때는 부풀린다. 나와 꼭 닮았다.

그래도 난 아빠의 입꼬리만 봐도 알 수 있다. 평정심을 유지하는 척하고 있지만 아빠는 지금 구름 위를 걷고 있다. 나는 식탁으로 가 아빠와 마주 앉는다.

아빠가 나에게 말을 건넨다.

"서기 너 승진했다며. 그거 다른 사람도 다 같이 하는 거지?"

"응. 그냥 날짜 채우면 시켜주는 거야."

"니 엄마가 그것도 모르고 얼마나 방방거리고 좋아하던지. 내가 아무리 말해줘도 몰라 니 엄마는."

아빠가 내 승진 사실을 깎아내리는 것처럼 보이지만 사실 그런 건 아니다. 아빠는 좀처럼 미안하다, 고맙다, 사랑한다, 잘한다, 자랑스럽다 같은 감정 표현을 하지 않는다. 아니, 이젠 하고 싶어도 하지 못하게 되어버렸을 것이다. 그것이 아빠가 60년 평생 체득한 대한민국 아버지의 표본이므로 다 큰 자식에게 간질거리는 말로 사랑을 표현하는 것은 스스로 용납하지 못할 것이다.

하지만 난 알 수 있다. 만두를 간장에 찍으면서 쎌룩거리는 저 입꼬리는 엄마가 대놓고 방방거리는 것보다도 쉽게 볼 수 없는 아빠만의 기쁨의 표식이다. 아빠는 그렇게 다 티나도록 내 승진 소식에 좋아하다가 갑자기 걱정 어린 표정으로 내게 묻는다.

"근데 너. 상사가 뭐 못살게 군담서. 니 엄마가 그러던데. 니 엄마가 너 걱정하느라 밤새 뒤척여. 그래서 나도 잠을 못 자."

아빠는 항상 엄마를 앞세워 나를 걱정한다. 사실 뒤척이는 사람은 아빠였을 것임을 잘 알고 있다.

아빠에겐 내 이야기를 잘 하지 않는다. 왜냐하면 아빠와 나 사이엔 판도라의 상자가 있기 때문이다. 아빠와 눈을 마주치고 어떤 이야기를 깊게 나눴다가는 흉측한 괴물들이 상자에서 튀어나올 것이 분명하다. 역으로 내가 이 상자를 맘먹고 열지 않는 이상 나는 앞으로 영영 아빠와 눈을 마주칠 수도 없고 속마음을 이야기할 수도 없다.

아빠가 따라준 식혜를 한 모금 마신다.

나는 용기를 내어 상자를 열기로 한다.


"아빠. 예전에 나 대학교 자퇴했을 때. 내가 많이 미웠어?"

아빠와 내 눈이 정면으로 마주친다.

지금 아빠 표정은 내가 여태껏 본 적 없는 표정이다. 읽어낼 수가 없다.

아빠는 시선을 피하고 젓가락으로 만두를 들었다 놨다 하며 말한다.

"그때 니 엄마가 많이 힘들었지."

"아니. 엄마 말고 아빠 말이야."

아빠는 잠시 동안 말이 없다. 그러다 젓가락을 식탁에 놓는다. 그리고 나를 본다.

"서기 너. 아직도 그때 일 맘에 담아둬? 아빠가 너한테 그랬어서 아직도 마음이 힘들고 그려?"

아빠가 별말을 한 것도 아닌데 갑자기 눈물이 터져나온다. 도저히 주체할 수 없을 정도로, 눈물인지 콧물인지도 모르겠는 뜨거운 것들이 계속 치밀어 참을 수가 없다. 울고 싶지 않은데, 창피한데 점점 끄억끄억 소리를 내면서 운다.

"아니… 얘가 왜 이래."

아빠가 휴지를 뜯어서 내게 준다.

그렇게 몇 분인가 울다가 겨우 진정하고 말을 잇는다.

"아니야. 나도… 그때 아빠한테 상의도 안 하고 내 맘대로 했잖아. 나도 잘못했어. 나도 사실은 아빠한테 잘못했다고 말하고 싶었어. 그때 내가 왜 그랬을까…. 진짜 왜 그랬을까…."

아빠가 나를 지켜보면서 말한다.

"그때는 너 나름대로 그럴만한 이유가 있었던 거여. 지금이야 이유를 잊어버렸어도 그때는 꼭 그래야만 했어서 그런 거여. 그러니까 후회할 필요 없는 거여…."


23살, 무늬만 어른이었던 나는 대학교 자퇴서에 아빠 이름 석 자를 내 손으로 직접 쓴 후, 서랍장에 있는 아빠의 직인을 몰래 꺼내서 도장을 찍었다. 그리고 그것을 그대로 과사무실에

냈다. 그러고서 집으로 돌아오는 지하철에서 엄마에게 전화를 했다. 학교 다니기 싫다고, 내가 하고 싶은 것 한 번 더 해보고 싶다고, 미친 사람처럼 울며불며 말했다.

그때도 엄마는 네가 하고 싶은 대로 해보라고 했다. 엄마는 철없는 내가 이미 저질러버린 일에 대해서 나를 추궁하지 않았다. 말리지 않았다.

아니, 내가 나의 부모에게 철없는 자식을 말릴 기회를 주지 않았다.

"서울에 있는 대학도 떡하니 붙고, 서기 너는 자랑스러운 딸인데. 손에 흙만 묻어도 애가 닳는 내 새낀데 니가 이 애비처럼 살까 봐 막 조바심이 나고 그 고생길에 내 자식이 기어들어가고 있는 꼴 보고 있을라니까 이 애비도 잠깐 정신 줄을 놨던겨."

아빠가 아빠의 이야기를 할수록 눈물이 멈추지 않는다.

"너 대학에 합격했다고 니 엄마한테 들었을 때는 내가 대학을 간 것 같은 착각을 했어. 아빠는 대학을 못 갔잖어. 우리 딸이 대신 가준 것 같았지. 서기 너는 어렸을 때부터 다 잘했잖어. 나는 그게 당연하다고 생각했어. 그게 잘못이여."

나는 아빠에게서 잘했다는 말을 오늘 처음 듣는다. 아빠에게 잘했다는 말을 들으려고 항상 노력했는데 사실 그럴 필요가 없었던 것이다. 아빠는 언제나 나를 자부심으로 여기고 있었다. 나의 존재 자체를 자랑스럽게 여기고 있었다.

"너 태어나기 전까지 아빠는 사실 정신 못 차리고 살았어. 서기 너 태어나고 직장도 잡고 사람처럼 살았는데, 너가 그렇게 복덩인디. 서기 너가 이 애비를 구한 건데. 고작 학교 그만뒀다고 너를 때리고 원망하고 한 거는 물에 빠져 죽을 놈 건져놨더니 보따리 내놓으라는 거나 진배없지….."

아빠와 나 사이에 있었던 판도라의 상자에 흉한 것은 하나도 없었다. 오히려 그 안에는 나에 대한 아빠의 자부심, 애정, 미안함, 고마움이 들어 있었다.

나도 아빠에게 나의 이야기를 하고 싶다.

나도 아빠에게 미안했다고,

난 이제 아빠를 이해한다고,

나도 직장 생활을 하면서 아빠를 자주 생각한다고,

아빠는 사실 좋은 사람이라고,

누구보다 근면성실하고 책임감 있는 아버지였다고,

아빠는 항상 아빠처럼 살지 말라고 하지만

나는 이제 아빠처럼만 성실하게 살고 싶다고.


하지만 갑자기 한꺼번에 쏟아져 나와버린, 판도라 상자 속에

담겨 있던 이것들을 정리해서 말하기가 어렵다.

"아빠, 나는… 사실은 나도….."

말을 하려는데 계속 목이 막힌다.

아빠는 마치 다 알고 있다는 듯이 끄덕인다. 그리고 휴지를 챙겨주며 내게 말한다.

"그래, 알았다. 이제 그만혀. 그러지 마. 진 빠진다. 하나도 너 잘못 아니고 다 아빠 잘못이니까 옛날 일은 이제 털어버리고 살어. 그런 거 다 끌고 살면 너만 힘들어. 응?"

아빠는 철없는 자식이 저지른 어리석은 잘못까지 가져와 모두 끌어안고 있다. 내 자식이 조금이라도 힘들까 봐, 무거울까 봐 자식의 마음의 짐까지 대신 짊어지고 있다.

그때, 엄마가 번호키를 누르고 집에 들어온다.

# 니 쪼대로 혀!

"어? 서기 왔어?"

엄마는 내 얼굴을 미처 못 보고 장 봐온 낙지, 전복, 조개를 장 바구니에서 꺼내 냉장고 속에 차곡차곡 정리한다. 그러고선 식탁에 쌓여 있는 휴지를 보고 내 얼굴을 본다.

"너 왜 그래? 왜 울고 그래?"

그러고선 나와 마주 앉아 있는 아빠에게 쏘아붙인다.

"당신, 또 애한테 뭐라고 했어? 진짜 왜 그래? 안 그래도 힘 들다는 애한테 도대체 왜 그러냐고! 내가 그만 좀 하라고 했 잖아!"

아빠는 내가 흘린 눈물 콧물을 닦은 휴지를 정리하면서 말한다.

"내가 뭘 뭐라고 해 이 사람아. 부녀지간에 긴히 비밀 얘기 좀 한 거여."

나도 엄마에게 말한다.

"응 맞아 엄마. 아빠가 나한테 뭐라고 한 거 아니야."

엄마는 아직도 심각하다.

"그럼 왜 그러는데. 그 직장 상사라는 사람이 아직도 못살게 해?"

엄 계장을 떠올리면서 잠시 어두운 얼굴을 하는데, 아빠가 휴지를 쓰레기통에 버리러 가려다 말고 그런 내 얼굴을 본다. 잠시 말이 없더니 식탁에 도로 앉는다.

순간 아빠가 내게 할 말을 예상해 본다.

너만 힘든 게 아니다.

남의 주머니에서 돈 빼오는 게 쉬운 줄 알았냐.

약한 소리 하지 마라.

그러니까 밉보이는 짓을 왜 하냐.

그 사람도 이유 없이 너한테 그러겠냐.

네가 처신을 좀 잘 하지 그랬냐.

참아라, 어떻게 들어간 직장인데.

참고 또 참아라.

아빠는 아마 나의 인내심 부족을 탓하면서 세상은 원래 그런 거라는 이야기를 할 것이다. 훈계를 들을 마음의 준비를 하고 있는데 아빠는 뜻밖의 말을 한다.

"너, 그렇게 힘들면 그냥 관둬라."

나는 아빠를 본다. 아빠의 목소리는 차분하고 표정은 단호하다.

"그런 것들한테 기죽지 마. 힘들면 관둬라. 이 애비가 너 하나 건사 못하겠어?"

아빠의 말을 듣고 있던 엄마가 놀라 만류한다.

"아니, 당신 지금 무슨 소리 해? 잘 타이를 생각은 안 하고."

아빠는 아랑곳하지 않고 계속 말을 이어간다.

"내가 다 해보니까, 다 지나고 보니까 아무것도 아니여. 별것도 아닌 것 때문에 스스로 들들 볶고 니 엄마도 들들 볶고."

나에게 하는 말이 아니라 지난날 괴로웠던 아빠 자신에게 하는 말 같다.

"공무원이 가늘고 길게 가는 거 빼곤 뭐 있냐. 너 그러다 화병 나서 오래 살지도 못하면 얼마나 억울허냐. 그럴 바에는 그냥 관둬라."

이렇게 말하는 아빠가 너무 생소하다.

나는 되묻는다.

"진심이야?"

"그래. 그거에 목숨 안 걸어도 이래저래 먹고 산다. 애비가 내 딸 자식 하나 건사 못하겠냐고. 괜히 주눅 들어 다니지 마라. 너 집에서는 그렇게 싸납게 눈 치켜뜨고 동우도 잡고 니 엄마도 쥐 잡듯이 잡고 이 세상 왕인 양 하고 싶은 대로 다 하고 살았으면서 거기선 왜 그러고 있냔 말이여. 너 모습대로 살어. 니 쪼대로 혀! 절대 참지 말고, 받은 만큼 돌려주고 어깨 딱 펴고, 굽신굽신하지 말고, 누가 건들면은 꿈틀만 하지 말고 콱 물어 버리란 말여. 하고 싶은 말 다 하고. 그렇게 살라고."

아빠가 지금 나에게 하는 말은 아버지로서가 아니라 먼저 세상을 살아본 인생 선배로서 하는 조언 같기도 하다.

"그러다 짤리면 그냥 말어. 이 애비랑 떡볶이 장사나 하던지."

엄마는 매우 당황한다.

"무슨 떡볶이 장사를 해! 떡볶이 만들어본 적이나 있어 당신? 양념 같은 것도 비법이 있는 거야. 그런 거 다 돈 주고 배우는 거라고."

내 눈물 콧물 닦은 휴지를 쓰레기통에 버리고 온 아빠가 엄마의 말을 받아친다.

"아니, 이 사람아. 떡은 당신이 대주면 되고. 비법은 무슨 비법이야. 백종원 요리 비책에 다 나와. 요즘은 특별한 비법이랄 게 없는 세상이여. 사는 게 간단혀졌어."

특별한 비법이랄 게 없는 세상.

난 아빠가 그저 말이 안 통하는 5060 꼰대라고만 생각했는데 그렇지 않았다. 오늘 아빠의 말에서 나는 많은 것을 배운다.

나. 힘들다고, 그만두고 싶다고 엄마와 현우에게 어리광을 부렸다. 하지만 그동안 숱한 포기를 하고 좌절을 하면서 나는 스스로 체득했다. 반드시 포기해야만 할 일과 절대 포기하면 안 되는 일을 본능적으로 구분 지을 수 있게 되었다. 지금의 내 처지에서 이 일은 절대 포기하면 안 되는 일이다. 난 아직 그럴만한 처지가 아니다.

난 누구보다 잘 알고 있었지만 그래도 엄마나 현우는 내 어리광을 받아줄 줄 알았는데, 힘들면 그만두라며 내가 너 힘든 꼴을 어떻게 보겠냐고 날 따뜻하게 안아줄 줄 알았는데 이번엔 그렇지 않았다. 그 또한 나를 위한 조언이고 위로였지만 나는 공허했다. 더 괴로워졌다.

'참아라, 참는 수밖에 없다' '참고 또 참아라'라고 할수록 사실은 참기가 더 힘들어졌다.

더 주눅 들었다. 여유가 없어졌다.

그런데 누구보다 나를 만류할 것 같던 아빠로부터 '참지 마라. 다 네 맘대로 해라' '받은 만큼 돌려줘라' '그만두고 싶다면 당장 관둬라!'라는 자신만만한 말을 들으니 이상하게 마음에 여유가 생긴다.

자신감이 생긴다.

무서울 게 없어진다.

나는 사실 이 직장을 그만두고 새로운 것에 뛰어들 용기도 없고, 아빠와 떡볶이 장사 같은 건 더욱이 할 생각이 없다.

사실은 아빠와 너무나 닮은, 아빠의 분신이나 다름없는 나를 아빠가 너무나 잘 알아서, 나의 청개구리 심보를 누구보다 간파하고 있어서 아빠가 고단수의 전략을 펴는 것일 수도 있다.

하지만 이러나저러나 큰 상관은 없다. 별로 중요한 것이 아니다. 왜냐하면 지금 이 순간 항상 채워지지 않았던 마음 한구석이 드디어 채워진 느낌이기 때문이다. 한 조각을 잃어버려 완성하지 못한 퍼즐을 완성한 느낌이기 때문이다. 그 한 조각은 항상 내 마음속 물음표로 남겨져 있었던 나를 향한 아빠의 진심이다.

아빠의 말대로 특별한 비법도 없고, 간단해진 세상 속에서 더 이상 안으로 숨어들어 가지 않고, 정공법으로 돌파해 보기로 한다. 내 모습대로 살기로 한다. 나는 부모님의 투닥거림을 말없이 들으면서 무릎 위에 살포시 놓은 주먹을 꼭 쥐었다.

그때 핸드폰이 울려서 확인하는데 현우에게 연락이 와 있다.


   [현우] 서기야, 나 일이 좀 늦어진다. 장인, 장모님이랑 좀 쉬고
있어. 늦지 않게 데리러 갈게.
   [이서기] 응 난 신경쓰지 마. 일 잘 마무리하고 와.


여정이에게도 카톡이 와있다.


   [여정] 이서기~ 칼국수 먹을래? 엄지네.


시간을 보니 거의 9시가 다 되어 있다. 아까 승진 축하 파티에
서 고작 계란말이 몇 조각, 뻥튀기 몇 개만 주워먹었던 터라
배가 고프다.
나는 여정이에게 답장을 보낸다.


   [이서기] 오키. 지금 나가면 10분 후 도착.

# 이런 매물이라도 있는 게 다행이에요

엄지네는 우리가 다니던 학교 근처 굴다리 밑에 있는 포장마차 이름이다. 포장마차 천막을 걷고 들어가니 여정이가 앉아 있다.

"이서기~ 여기 여기. 사장님 여기 칼국수 두 그릇이요."

"와, 통통조개 오랜만이다. 맛있겠다. 잘 지냈어?"

칼국수 속 조개를 생각하니 군침이 돈다.

"잘 지냈지. 서기야 나 지호랑 결혼 날짜 잡았어."

"아, 진짜?? 뭐야~ 왜 이제 말해. 진짜 잘됐다. 축하해! 난 너 금방 결혼할 줄 알았어. 하하."

순간 지호씨를 떠올린다. 지호씨는 31살 동갑에 성실한 직장인이다. 나는 간만에 신나서 해죽해죽 웃고 있는데, 여정이가 뭔가 심각한 표정을 하고 내게 말한다.

"서기야. 나 부탁 있어."

"부탁? 뭔데?"

여정이가 머뭇거리며 말한다.

"아니, 우리 신혼집 알아보다가 내가 가계약금을 넣어버렸
거든?"

"진짜? 집 산 거야? 와 대박."

"응. 신혼특공 노려보려고 했는데 그거 하나에 우리 인생 걸기
엔 너무 무리수인 것 같더라. 죽도 밥도 안 될 거 같아서 사기
로 했어."

"잘했다. 진짜."

"근데 계약서 쓰기로 한 그 주에 갑자기 지호가 해외 출장이
잡혔어. 근데 집주인 할아버지가 좀 오락가락해서 날짜 바꾸
자고 하기도 좀 그래. 혹시 같이 가줄 수 있어? 토요일이야."

"토요일? 난 되지~ 그냥 같이 가주기만 하면 되는 거야?"

"응. 그냥 옆에 있어주면 돼. 소라한테도 연락해 봤는데 답장
이 없네. 출장 갔나 봐."

"그래, 내가 같이 가줄게. 어, 나왔다. 일단 먹자."

대화를 나누는 사이 칼국수가 나왔다.

국물을 떠서 한입 먹는데, 13년 전 교복을 입고 먹던 그 맛 그

대로다. 그 시절로 돌아간 것 같아 행복하다. 앞에 여정이가 앉아 있으니 더욱 그렇다.

그렇게 정신없이 칼국수를 먹다가 여정이는 네이버 지도에서 캡처한 것을 보여준다.

"위치는 여기. 상북구야."

"어? 뭐야 우리집이랑 좀 가깝네? 다행이다. 너무 안 멀어져서. 오, 그리고 7호선 역세권이네. 너 직장 강남이니까 아주 딱이다."

그러고는 사진 한 장을 더 보여준다.

"내부는 이래."

여정이가 보여준 사진은 좀 충격적이다. 이미 다 뜯어놔서 콘크리트가 그대로 드러난 벽과 시멘트 바닥이 눈에 들어온다. 먼지를 뒤집어쓴 인부들이 왔다갔다하고 있다.

"뭐야? 왜 이래 집이?"

"지금 공사 중. 집주인 할아버지가 분양 받고 그 상태로 십몇 년을 수리 하나도 안 하고 그냥 쭉~ 살아서 집이 이래. 집이 하도 썩어 가지고 보러 오는 사람마다 안 산다고 했나 봐. 그래서 집주인이 수리라도 해야겠다고 다 뜯어놨더라고. 뜯어내고 있는 날에 마침 내가 간 거지. 부동산 사장님이 처음으로 보여준 집인데 고민도 안 하고 바로 계약금 쐈어. 시세보다 2

천 싸게. 뜯는 것도 다 돈이잖아. 내 취향대로 싹 고칠 거야."

여정이는 아기자기한 것을 좋아한다. 태생이 센시티브하고 가
꾸기를 좋아하며 가정적이다.
고등학교 때 여정이의 필통엔 각종 펜, 색연필, 샤프, 4B 연필
까지 없는 게 없었다. 귀여운 캐리커처를 그려서 우리에게 종
종 편지를 써주기도 했다.
여정이의 그런 성향은 어른이 되어서는 인테리어에 취미를 갖
게 했다. 주말마다 이케아에 놀러 가서 쇼룸을 구경하고, 아기
자기한 인테리어 소품을 사서 모으고, 유튜브를 보며 셀프 인
테리어를 공부했다.
자재를 어디서 싸게 구할 수 있는지, 공구들은 어느 해외 직구
사이트에서 사는지, 정보를 모으고 그림도 그리면서 여정이는
머릿속에서 여정이만의 집을 수도 없이 지었다. 그래서 여정
이에겐 이미 봐줄 만한 것, 완성된 그릇이 아니라 자신의 오랜
계획과 목표의 모양으로 주물주물 할 수 있는 아무렇게나 생
긴 지점토가 필요했다.
보통은 수리가 되지 않았거나, 낡았거나, 기본 스타일 집이라
는 것은 마이너스 요소가 된다. 부동산에서 집을 보여줄 때 다
썩어버린 집들을 먼저 보여주는 것도 일종의 전략이다. 보통

부동산 사장님들의 큰 그림으로, 이런 집은 매수인을 실망하게 하는 용도로 쓰이곤 한다. 모든 것을 빤히 알고 있는 소위 말하는 빠꿈이 투자자가 아니라, 여정이처럼 실거주용 신혼집을 찾는 사회초년생 신혼부부 매수인을 타깃으로 한 전략일 것이다.

부동산 사장님은 세상 물정 모르는 매수인과 몇 마디 나눠보고, 갖고 있는 매물들의 각을 잴 것이다. 이 정도면 사겠다 싶은 매물을 마음속으로 미리 정한 뒤에, 다 썩어버린 기본 스타일의 집 두세 개를 진짜 매물을 보여주기 직전에 총알받이로 세운다. 그리고 열심히 저격한다.

"아이고, 곰팡이가 심하지? 이 집 화장실은 거의 시멘트 바닥이네. 타일이 많이 깨져서 그래. 몇 백 들여서 수리하면 돼. 요즘 그건 기본이야. 여기 여기. 이렇게 누래진 거는 녹물 많이 나오는 동이라 그렇고. 근데 또 이 집이 짐이 많아서 그렇지 정리하면 이렇게 좁아 보이진 않아."

그렇게 까는 밑밥에는 MSG도 조금 친다.

"에휴. 요즘 매물 다 잠겨서 이런 매물이라도 남아 있는 게 다행이에요. 매물 상태 보지도 않고 전화 한 통으로 사버리는 투자자도 얼마나 많다고."

이 밑밥에는 특별한 기능이 있다.

매수인을 조급하게 만든다.

당장 결혼을 해야 하고, 실제로 들어가 살 집이 필요한 우리가 집을 못 구하게 되는 건 아닐까, 그럼 결혼을 못 하게 되는 건 아닐까, 하는 생각이 들어 금방이라도 울 것 같은 표정을 짓는다.

부동산 사장님이 이들의 조급증에 불을 당기는 사이 어리바리한 매수인은 아파트에 대한 기대치가 바닥까지 낮아져 버린다. 그때 사장님이 미리 정해놓은 진짜 매물을 보여주면 자기도 모르게 금방 환한 얼굴을 한다. 그러고는 속으로 생각한다. '앞에 봤던 집과 비교하면 이 정도 집은 괜찮네, 이 정도 집에선 숨은 쉴 수 있을 것 같아.'

미리 인터넷으로 알아본 집보다 한참 모자라고, 동향이고, 1층이고, 결로가 조금 있어도 이미 그 매물에 온통 마음을 빼앗긴다. 어리숙한 매수인이 딴에는 잘 감추고 있다고 생각하는 그 속마음은 얼굴에 그대로 드러나고, 부동산 사장님은 그것을 또 귀신같이 간파한다.

이미 승자는 정해졌다. 사장님은 속으로 쾌재를 부른다. 하지만 희생양의 숨통을 확실하게 끊어놓기 위해 사장님은 마지막 한 발이 남은 총의 방아쇠를 당긴다.

"이 집 주인이 나랑 친해서 나한테만 급매로 내놓은 건데 우리 사모님이 우리 딸램 같아서 특별히 보여주는 거야~ 네이버 부동산에도 안 올렸다고 내가."

K.O.

하루아침에 부동산 사장님의 귀여운 딸램이 된 매수인은 어느새 홀린 듯 OTP를 꺼내 가계약금을 쏘고 있다. 그렇게 쓰여진 각본대로 호구가 된다. 복잡한 심리 게임에서 상위포식자들의 먹잇감이 된다.

오늘의 희생양은 자신이 희생양이 된 줄은 꿈에도 모르고 오직 자기에게만 특별한 매물을 볼 수 있도록 특권을 준 사장님이자 일일 부모님께 꾸벅꾸벅 '고맙습니다!' '감사합니다!'를 연발하다가 흡족한 표정으로 집에 돌아간다. 자기는 매우 운이 좋은 사람이라고 만족해하면서.

이 불공정한 심리 게임 앞에서 희생양은 그저 무력하다. 불공정이라 함은 보통 정보의 격차로부터 발생하는데 부동산 사장님이 숨겨놓은 매물은 여정이에게 그닥 매력적인 정보가 아니었으므로 애초에 게임 자체가 성립되지 않았다. 여정이에겐 확실한 계획과 목표가 있었다. 이 정도면 괜찮은, 예쁜 집이 필요한 게 아니라 저렴하고 새하얀 도화지가 필요했다.

부동산 사장님은 의도치 않게 여정이가 원하던 것을 단박에 내놓았고, 여정이는 자신의 목표에 빈틈없이 들어맞는 그 매물에 고민 없이 바로 가계약금을 걸었다. 여러 말 할 것도 없고 여러 집을 볼 필요도 없었다. 어쨌든 양측은 운이 좋았다. 시간과 노력을 둘 다 아꼈다.

여정이가 가계약금을 쏘던 그날엔 부동산 사장님에게도 여정이는 선물 같은 손님이었을 것이다. 자기가 발품을 안 팔아도 되고, 굳이 복잡한 눈치 싸움으로 설득하지 않아도 되는 손쉽고 간단한 손님이었을 것이다. 여정이 또한 시세보다 싸게 사서, 또 아낀 금액만큼 자기 입맛대로 인테리어를 할 수 있어서 만족스러웠을 것이다. 그날의 계약은 쌍방이 서로 기분이 좋은 군더더기 없는 쿨한 계약이었다.

여정이를 보면서 나는 생각한다.

인생이 계획대로 되진 않을지라도 자기만의 확고한 계획과 목표는 끊임없이 세워야 한다. 그리고 머릿속으로 선명하게 그려야 한다. 그래야 노련하고 능글맞은 누군가가 자신만의 노하우와 내가 하지 못한 경험을 근거로 하여 나를 흔들려고 할 때에, 나의 계획과 목표를 펼쳐 보이며 흔들리지 않을 수 있다. 똑바로 서 있을 수 있다.

설사 계획이 무산되었다 할지라도 실망할 필요는 없다. 계획을 세우는 데엔 돈이 들지 않으므로 10개의 계획 중 1개만 성공해도 수익이 난다. 그 수익은 돈이 될 수도 있고, 짜릿한 쾌감이 될 수도 있고, 자기 자신에 대한 믿음이 될 수도 있고, 인생 전반에 대한 주체성이 될 수도 있다. 점점 돈으로는 절대 살 수 없는 형태의 수익이 난다.

나는 여정이를 보면서 나도 모르게 엄마 미소를 짓는다.
"역시 정여정… 진짜 짱임."
여정이가 내 표정을 보고 민망한 듯이 대답한다.
"뭐야. 그 표정은?"
여정이가 방금까지 설레는 표정으로 계획을 말하다가 갑자기 걱정스러운 표정을 짓는다.
"근데 집주인 할아버지가 좀 이상했어. 동네 정자에서 낮술하고 있더라고. 눈썹 문신을 찐하게 하고 앞니에 금색 임플란트를 했어. 뭐라더라? 자기가 사우디에서 뭐 건설사를 운영했다는데 내가 볼 땐 허언이고 그냥 중동에서 인부로 오래 일했던 거 같아. 일단 부동산 사장님이 계약 조건 서로 확인시켰고 나는 그자리에서 가계약금 바로 쐈는데 나중에 말 바꿀까 봐 좀 걱정이야. 유튜브랑 부동산스터디 카페 보니까 매도인 잘 만나는 것도 복이라던데…."
여정이가 우려스러운 얼굴로 내게 말한다.
여정이를 보니 딱 내 2년 전 모습이 생각난다.

# 한 평 쪽방에 살아도 맨해튼에 살아라

나와 현우의 신혼집을 구할 때도 집주인 할아버지에게서 술냄새가 진동했다. 계약금을 넣고 나는 너무 불안했다. 며칠 밤 잠을 못 이루던 나를 안심시키기 위해 현우가 해주었던 말을 그대로 여정이에게 해준다.

"중개사 통해서 했으니까 별문제 없지 않을까?"

여정이도 내가 현우에게 대답했던 말과 비슷한 말을 한다.

"그래, 맞아. 사장님이 잘해줄 거야."

걱정하는 여정이의 얼굴에서 2년 전 내 모습을 본다. 그리고 2년 새 많이 달라진 나를 느낀다. 누군가의 위로에 안심하던 내가 이제는 누군가를 안심시켜주는 모습이 조금 생소하게 느껴지지만 기분이 썩 나쁘진 않다.

여정이가 잠깐 안도하는 표정을 하다가 얼굴에 다시 그늘을 드리운다.

"근데 서기 너희 집도 2년 전보다 많이 올랐지? 결혼 1, 2년 늦어진다고 이렇게 차이날 줄 몰랐어. 나도 원래는 일찍 결혼하고 싶었는데."

여정이의 얼굴에 드리워진 그늘은 어디서 많이 본 것 같은 그림자다. 내가 매일같이 갇혀서 옴짝달싹 못하고 허우적대던 비교의 그림자다.

여정이는 지금 마음속에서 나와 비교를 하고 있다. 의도적인 것이 아니라 여정이도 모르게 일어난 연쇄적인 과정이었을 것이다.

하지만 어쨌든 비교의 결과는 비참해지거나, 교만해지거나 둘 중 하나다. 이 두 종류의 감정은 우리 사이에는 불필요하다. 하등의 도움이 되지 않는다. 그래서 나는 친구 사이에서의 높고 낮음, 우와 열의 프레임 자체를 부수기로 한다.

나는 젓가락을 내려놓고 말한다.

"근데 실거주 한 채는 깔고 앉는 돈이잖아. 오르나 마나 집 팔고 다시 무주택자로 돌아가지 않는 이상 돈이 아니야. 너 주택 담보 대출 상담은 해봤지?"

준비성이 철저한 여정이는 분명 몇 번이고 대출 상담을 했을 것이고 돈도 넉넉하게 준비해 놓았을 것이다.

"응. 하루 연차 내고 9시부터 4시까지 돌아다녔어. 은행 10군데는 싹 돈 것 같아. 그중에서 제일 이율 싼 걸로 하기로 결정해 놨어. 30년 상환…."

여정이는 30년 상환이라는 단어를 말하면서 얼굴에 그늘을 드리운다.

"나도 마찬가지야. 나도 30년 상환. 빚 갚는 것만 30년인데 1년, 2년 빨라 봤자 뭐가 얼마나 다르겠어. 60살이나 62살이나 얼마나 다르겠냐고. 그리고 입지는 상북구가 좀 더 좋잖아. 더 한강 쪽에 붙어 있고. 너희 집이 나중엔 더 오를 거야."

나는 확인 사살을 한 번 더 하기로 한다.

"아, 그리고 너 주식도 좀 있지 않아? 우리 중에 주식 제일 먼저 시작했잖아. 너 삼성전자 4만 원대에 들어갔다고 했잖아."

이제야 여정이의 표정이 좀 밝아진다.

"헤헤. 그때 한 2천 넘게 묻어놨는데 이제 거의 5천이야. 근데 나 이거 지호한테는 말 안 했어."

"와. 수익률 오진다. 그럼 그건 비상금?"

여정이가 조개를 발라내며 말한다.

"흠…. 비상금 이라기보다는 지금 집 살 때 다 끌어서 써버리면 갑자기 집안에 아픈 사람이 생기거나 급전 필요할 때 진짜 곤란해질 거 같아서 그래. 이건 내가 갖고 있다가 우리 진짜 힘들 때 지호한테 짜잔 하고 내놓으면 좋지 않을까 싶어서. 그리고 난 십만전자 썰 믿는다. 가즈아!"

여정이는 세심하다. 사려 깊은 사람이다. 항상 한 수 앞을 내다보고 준비한다. 플랜 A부터 플랜 C까지 짜고 철저하게 위험을 관리한다.

대학교 원서를 쓸 때도 그랬다. 가고 싶은 대학, 갈 수 있는 대학, 그냥 쓰는 대학을 나눠서 골고루 지원하고 결국 수시로 합격해서 학교 플래카드에도 당당하게 이름을 걸었다. 대학원을 갈 때도, 취업을 할 때도 같은 전략을 써서 한 번도 실패한 적이 없었다. 처음에 아주 사소했던 성공의 경험은 쌓이고 쌓여 성공의 습관이 되고, 그 습관이 차곡차곡 축적되어 지금 여정이의 인생이 되었다.

여정이는 재테크에도 자신의 방식을 그대로 적용하고 있다. 여정이만의 투자도 아마 성공적인 결과를 가져올 것이다. 지금까지 늘 그래왔던 것처럼.

나도 모르게 상상해 본다. 여정이처럼 나도 차곡차곡 모은 비상금을 현우에게 짠, 하고 내놓았을 때 현우가 얼마나 좋아할지 현우의 얼굴을 그려본다.

하지만 난 여정이처럼 그럴 수 있는 여유가 없다. 내 월급은 아직도 200만 원이 안 되고, 그중에 내 비상금은 1원도 없다. 예전 같았으면 내 안의 비교 알고리즘이 나를 또 비참하게 만들었겠지만, 나는 이제 상상은 상상에서 마무리한다. 아빠 말대로 누군가의 모습을 내게 씌우지 않고 이제 내 모습대로 살기로 한다.

"응, 잘했다. 진짜 멋있어 너. 짱이야. 2천을 어떻게 5천으로 굴려. 지호는 진짜 좋겠다."
여정이는 아직도 맘이 안 놓이는지 다시 묻는다.
"근데 전세로 시작 안 하고 매매해 버린 거 잘한 거겠지?"
나는 여정이를 이해한다. 나 역시 그랬다.
집을 계약하고 나서 하루 이틀은 기분이 정말 좋다가, 머지않아 이런저런 걱정들이 쓰나미처럼 몰려왔다. 내가 한 선택이 잘한 선택인지 아닌지 끊임없이 확인받고 싶어지고, 너무나 쉽게 저당 잡혀버린 내 30년이 걱정되기 시작한다. 불안해지기 시작한다.
나는 어떻게든 여정이를 안심시켜 주고 싶다.
"당연하지. 석기시대 원시인들도 사냥하러 가기 전에 집 자리먼저 찾고 움집부터 지었다잖아. 우리가 나가서 사냥은 못할지언정 들어가 잘 만한 동굴은 하나 있어야지. 안 그래?"

"응. 니가 그렇게 말하니까 안심된다."

입으론 안심된다고 하지만 여정이의 얼굴이 좀 어둡다.

"난 사실 30평대에서 시작하고 싶었거든? 난 결혼하면 바로 아이 가질 거라서."

여정이는 고등학교 때부터 항상 일찍 결혼해서 아이도 둘 낳고 싶다고 했다. 아무리 늦어도 27살에는 꼭 결혼하겠다고 했다.

"아이 키우기에는 23평이 너무 작은 거 같아. 사실 같은 값이면 경기도 34평짜리도 할 수 있었는데 그게 좀 마음에 걸려."

나는 단무지를 젓가락으로 집으면서 말한다.

"아니야. 한번 경기도로 나가면 서울로 들어오긴 힘들댔어. 실학자 다산 정약용 선생도 유배 중에 자식들한테 보내는 편지에서 절대 도성 밖을 떠나지 말라고 했어. 아, 또 누가 그랬는데 '한 평 쪽방에 살아도 맨해튼에 살아라'라고. 아, 또 트럼프는 뭐랬냐면 'Real estate is a location.' 그러니까 부동산은 곧 입지란 거지. 경기보단 서울이야. 입지는 동서양을 막론하고 만고불변의 진리야."

그동안 어깨너머 주워들은 말을 최대한 동원해서 어떻게든 확인받고 싶은 그 마음을 채워주기 위해 나는 최선을 다한다.

한편으론 신이 난다. 내가 제일 좋아하는 친구가 집을 사서, 괜스레 내가 들뜬다.

"여정아, 진짜 잘했어. 내가 제일 제일 축하해. 집 산 것도, 너 주식 수익률 100퍼센트 넘은 것도. 우리 이제 부자 되자."

여정이는 이제야 좀 편안해진 얼굴로 내게 말한다.

"이서기, 뭐야. 너 완전 전문가 같아. 계약서 쓰러 가는 것도 지호보다 너랑 가는 게 차라리 더 나은거 같아. 든든하다."

여정이가 칭찬을 하니 갑자기 괜히 호들갑을 떨었나 근심스럽다. 사실 나도 부동산 계약은 한 번이 전부이고, 그것도 현우의 주도 아래서 나는 바보처럼 도장만 찍었는데 내가 과연 무슨 도움이 될까 내심 걱정이 된다.


핸드폰 화면이 현우의 사진으로 바뀌면서 현우에게 전화가 온다. 여정이가 내 핸드폰 화면을 보며 웃음 짓는다.

나는 전화를 받는다.

"여보세요? 응. 잠깐 여정이 만났어. 40분? 알겠어~."

여정이가 흐뭇하게 나를 바라보다가 말을 한다.

"이서기 진짜 보기 좋네~. 너 보면 나도 하루빨리 결혼하고 싶다."

나는 그런 여정이를 보고 씨익 웃는다.

# 잡았다, 요 도둑놈의 집주인!

월요일 아침.

눈에 다래끼가 난 건지 눈이 퉁퉁 부었다. 나는 일단 지하철에 몸을 싣는다. 직장인에게 월요일은 마치 대출상환일과 같아서 다래끼 같은 사소한 개인 사정을 핑계로 감히 출근이라는 그 엄한 약속을 지키지 않을 수 없다. 그러면 그에 상응하는 대가를 치러야 한다. 그 사실을 잘 알고 있지만 세수를 하면서, 거울을 보면서 '아, 오늘 출근하지 말까' 하는 어린아이 같은 생각을 한다. 씻고 나와 한국주택금융공사로부터 온 메시지를 확인한다.

[한국주택금융공사] 06월 07일은 고객님의 보금자리론 21회차

원리금납입일입니다. 자동이체계좌 입금 마감시간은 17:30입니다. 확인바랍니다.

글만 보면 어려워 보이는 내용이지만 한 줄로 요약할 수 있다. '곧 너의 계좌를 털어갈 테니 알아서 채워 놓도록 해라.'

어린이였을 때는 아파서, 다쳐서, 기분이 안 좋아서, 아니면 엄마랑 싸워서, 남자친구랑 싸워서 수업을 안 가도 되거나 약속을 미뤄도 큰 문제가 되지 않았다. 기껏해야 F학점으로 벌을 받거나 '쟤는 맨날 지 맘대로 해' 하는 욕 몇 마디만 들어먹으면 됐다.

하지만 지금은 그렇지 않다. 피곤한 몸을 끌고 돌아갈 내 집, 내가 정성으로 꾸민 내 방, 포근한 이불이 있는 침대, 그러니까 내 하나뿐인 보금자리를 하루아침에 몽땅 잃을 수도 있다. 당장 길바닥에 나앉는 수가 있다. 그러므로 어른이 된다는 건 책임이 커진다는 것이다.

나를 책임져야 하고,

내 집을 책임져야 하고,

내 대출을 책임져야 하고,

그러기 위해서 내 자리를 사수해야 한다. 나라는 나사가 들어갈 구멍을 반드시 사수해야 한다. 나를 대신할 쌩쌩한 스페어

나사들이 내 뒤에 끝도 없이 줄을 서고 있다. 내가 나가떨어지기만을 호시탐탐 노리고 있다.

나는 대출금액과 통장 잔고를 다시 한번 확인하고서 거울 같은 건 외면하기로 한다. 이깟 다래끼는 핑곗거리가 안 된다. 그냥 오늘 하루 화장실에서 손 씻을 때 거울을 안 보면 그만이다. 그리고 어느 누구도 내 오른쪽 눈두덩이가 부었는지 빨간지 어쩐 일인지 신경 쓰지도 않는다. 그렇게 점점 내가 정말 원하는 큰 것을 위해 작고 사소한 것쯤은 가뿐히 희생하는 방법을 배워간다.

얼마 전 우리 과에 한 명이 더 늘어났다. 이번 년도에 우리 과가 새로 맡은 큰 사업은 현재의 인원으로 감당할 수 없어서 6개월 계약직 주무관 한 명이 충원됐다.

지하 창고에서 대충 집어온 플라스틱 책상에 목 받침이 없는 의자, 급하게 꾸민 컴퓨터와 집기들로 자리를 꾸렸다. 심지어 파티션도 없다.

박 계장은 공익요원 동민 씨에게 쉴새 없이 지시한다. 좀 도와줄 만도 한데 자기는 뒷짐을 지고 옆에 서서는 땀을 뻘뻘 흘리면서 책상을 옮기고 컴퓨터를 설치하는 동민 씨에게 까딱까딱 고갯짓을 하며 말로 떠든다.

"어차피 6개월 하고 나갈 사람이니까 그렇게 공들일 필요 없어. 어어~ 아니. 그래도 그건 제대로 설치해야지. 그래도 전화는 잘 받아야 할 거 아냐."

너무 갑자기 결정된 사항이라 나도 정신이 없다. 새로 온 주무관이 일을 할 수 있는 권한을 받기 위해 공문을 올리고, 내선번호를 하나 더 터서 직원 비상연락망에 추가하고, 이것을 청전체 직원에게 뿌려서 알리고, 조직도에 사진과 업무를 추가하고, 홈페이지 정보도 갱신하고, 지문을 등록하고, 출입증 신청을 하는 것까지 마쳤다.

연필, 학용품을 다른 과에서 꾸어와 자리에 놓고, 화장실은 어딨는지, 탕비실은 어딘지, 또 어느 엘리베이터는 청장과 과장 전용이므로 절대 타면 안 되는지와 같은 신상에 도움이 될만한 꼭 필요한 것을 말해준다.

전입과 전출이 생길 때마다 세상이 혼자 사는 곳이 아니라는 것을 느낀다. 신입 한 명을 충원하기 위해서 다양한 지원자들이 면접을 거치고, 면접을 통과한 운이 좋은 그는 추가로 계장, 과장, 청장의 결정과 승인을 거치고 인사담당자의 수많은 고민과 전화 통화를 거친다.

거기에 팀원 1, 2, 3의 노력과 공익요원의 땀방울까지 모여야 그 신입은 어설프게 마련된 그 자리에 비로소 앉을 수가 있다.

그렇지만 일련의 과정들과 우리의 노력이 결코 헛된 것은 아니다. 그가 꼭 해야 하는, 그의 몫으로 배정된 임무가 있고 6개월 안에 그것을 꼭 완수해야 할 의무가 있기 때문이다. 계약직 신입은 그 임무만 달성해도 성공인데, 아주 이례적으로 그 이상의 것을 내어놓는 경우도 있다.

이번에 들어온 최리 주무관님이 그런 경우다.

출근 후 컴퓨터를 켜고 주말 동안 책상에 앉은 먼지를 좀 닦아내고 의자에 앉아 오늘의 업무 리스트를 적어본다. 그렇게 산뜻하게 하루를 시작하려는데 아니나 다를까 엄 계장이 내 산뜻한 물컵에 먹물을 한 방울 떨어뜨린다.

"박 계장님, 2팀에 한 명 더 들어왔다며? 저어기~ 잘나신 3년차 8급은 이제 두 명이나 거느려서 얼마나 좋대? 어휴, 그 같지도 않은 꼴을 또 봐야 돼?"

오늘따라 그녀의 비아냥이 강력하다. 순식간에 맑았던 물이 회색으로, 검은색으로 물든다.

나는 아빠의 말을 떠올린다.

'니 모습대로 해라, 니 쪼대로 해라, 가만 있지 말고 콱 물어버려라!'

그럼 지금 자리에서 벌떡 일어나서 엄 계장한테로 달려가 저

우람한 팔뚝을 물어뜯기라도 해야 되나?

아빠가 말한 정면돌파, 정공법이 무엇인지 가늠이 안 된다. 그래도 예전처럼 얼굴에 커튼을 치고 고개를 처박진 않는다. 일단은 포스트잇에 적은 업무 리스트 1번을 하기 위해 인증서 로그인을 하는데 어디선가 나를 보는 시선이 느껴진다. 시선을 느끼고 옆을 보는데 새로 오신 최리 주무관님이 나를 보고 있다. 뭐지, 하면서 그냥 씩 웃었는데 주무관님도 씩 웃으신다. 그렇게 업무를 보다가 나는 연필을 잡고 빈 종이에 쓱싹거린다.


　　정면돌파, 정면돌파… 정공법.
　　들이받기?


도무지 답이 안 나오는데, 행정지원과 인사팀 조 주무관님이 우리 사무실로 들어와 내 후임 자리에 서서 말을 건다.

"미연 씨, 나한테 보낸 취합, 이거 잘못된 거 같아요. 다시 확인하고 보내줘요."

그리고 내게도 말을 건다.

"어~ 서기 씨, 서기 씨네 집 많이 올랐던데? 그때 얼마에 샀다고 했지?"

나는 우리집 집값이 궁금한 사무실 사람들의 쫑긋한 귀를 의식하면서 "아, 주무관님 아니에요" 하며 애써 바쁜 척을 한다. 그러자 조 주무관님은 새로 오신 최리 주무관님한테 말을 건다.

"최리 씨, 근데 저한테 보낸 서류에서 3번 항목은 뭐라고 쓰신 거죠? 못 알아보겠어서요."

최리 주무관님은 자리에서 일어나 정중하게 서류를 받아서 천천히 읽어본다. 그러고는 세상 평온한 얼굴을 하고 세상 상냥한 말투로 되묻는다.

"3번 어떤 부분 말씀이시죠, 철민 씨?"

순간 사무실 분위기가 싸해진다. 내 옆에 앉은 미연 주무관님도 픕, 하고는 입을 틀어막는다.

생각해 보면 조 주무관님은, 아니 조철민 씨는 정확하게 여자 주무관에게만 꼭 '누구 씨' 하며 이름을 불렀다. 한 번도 주사님, 주무관님과 같은 호칭을 쓰지 않았다. 그러면서도 나보다 나이가 3살이나 어린, 나의 동기 준호에게는 항상 주무관님이란 호칭을 붙였다.

"우리 이준호 주무관님은 진짜 너무 싹싹해. 아주 좋아 좋아."

"아, 서기 씨. 서기 씨는 요즘 진짜 얼굴 폈어. 무슨 좋은 일

있어?"

준호와 내가 같이 있는 자리에서도 그 차이는 이렇게나 분명
했다. 그런데 나는 아무런 자각도 못하고 있었다. 불쾌하다고
생각해 본 적이 전혀 없었다. 그냥 그게 너무 자연스러웠다.

그렇다고 해서 조 주무관님이 의도적으로 그런 것은 아닐 것
이다. 이것은 사무실에서 이 당황스러운 대화를 듣고 있는 우
리 모두가 잘 알고 있는 사실이다. 왜냐하면 조 주무관님은 좋
은 분이기 때문이다. 아니, 그건 잘 모르겠어도 최소한 합리적
인 분이기 때문이다.

조 주무관님은 보통의 권위적인 인사담당자가 아니었다. 자기
가 담당한 업무를 마치의 자기의 권력인 양 휘두르는 그런 사
람이 아니었다. 그저 행정지원과의 인사 업무를 담당하는 한
직원으로서 여자 주무관들의 고충을 누구보다 잘 들어주었다.
때로는 아빠처럼, 오빠처럼 위로해 주기도 했다. 그리고 남자
주무관들에겐 형처럼 다가가 어깨를 툭툭 쳐주며 아낌없이 격
려하곤 했다. 항상 본인이 할 수 있는 한 최선을 다해서 합리
적인 인사이동을 해주기 위해 노력했다.

성별에 따라 호칭이 달랐던 것은 아마도 내가 손톱을 물어뜯
거나 다리를 떠는 것과 같은 일이었을 것이다. 조 주무관님도
모르게 십몇 년의 직장생활을 하면서 인이 박여버린 습관 같

은 것일 것이다. 그 이상도, 이하도 아닐 것이다.

후임은 사레들린 것처럼 먹던 커피를 '풉!' 하고 뱉더니 갑자기 딸꾹질을 시작한다. 그러고는 소심하게 작은 주먹으로 가슴을 콩콩 친다. 아무래도 많이 놀란 것 같다. 우리는 항상 조 주무관님, 조 주사님이라고 불렀는데 그를 지칭하는 철민 씨라는 단어가 너무 생소하긴 하다. 그렇다고 최리 주무관님이 틀린 말을 한 것도 아니다. 조 주무관님의 이름이 조철민인 건 틀림없는 사실이니까.

그 짧은 대화를 듣고 있던 우리 사무실의 모든 직원들이 5초 정도 벙쪘다. 5초는 짧은 시간 같지만 그렇게 짧지도 않다. 아주 결정적이거나 중요한 순간에서 침묵의 5초는 어떤 대답보다도 강력하고 많은 것을 함축한다. 그리고 나는 그 5초간 깨달았다.

'아, 이거다! 이게 정면돌파다. 정공법.'

종이에 끄적이던 정공법이란 단어를 연필로 여러 번 동그라미 친다. 아빠가 뭉뚱그려 말한 정공법의 답을 찾았다. 하나도 감정적이지 않고, 설사 감정이 상했더라도 절대 티를 내지 않고, 예쁘게 웃으면서 딱 받은 만큼만 되돌려주는 것.

그게 바로 정공법이다.

그리고 정공법은 사람에 따라 생각지 못한 깨달음을 주기도 하고 끝도 없는 반감을 사기도 한다는 것도 알게 되었다.

조 주무관님에게는 전자의 효과가 나타났다.

"아… 최리 주무관님. 죄송해요. 3번에… 이 부분이요."

두 분은 그렇게 한참 이야기를 나누신다.

"최리 주무관님, 고맙습니다. 제가 본의 아니게 실수했어요. 언제 한번 저랑 같이 점심해요. 제가 살게요."

"아~ 너무 좋습니다, 주무관님. 그럼 제가 커피 사겠습니다."

아주 적절하고, 도를 넘지 않으며, 편안해 보이기까지 한 대화를 마친 후 조 주무관님은 사무실을 나갔고 최리 주무관님은 다시 평온한 얼굴로 업무를 본다.

최리 주무관님의 자리엔 파티션이 없으므로 그 표정은 누구에게나 공개되어 있다. 다들 흘끗흘끗 그녀의 표정과 분위기를 살피면서 오늘 3일째 본 그녀에 대한 정의를 마음속으로 재정립한다.

'저 사람은 6개월 동안 대충 아무렇게나 대해도 되는 사람은 아니다'라고.


점심시간이 되자 최리 주무관님이 내 자리로 와서 말을 건넨다.

"서기 주무관님, 오늘도 혼자 식사해요?"

나는 요즘 출근길에 파리바게트에서 파는 샐러드를 사 와서 빈 사무실에 앉아 혼자 점심을 먹는다. 7000원짜리 백반을 사 먹어도 되지만 날씨도 더워지는데 점심부터 조미료 가득한 걸쭉한 찌개에 밥 한 공기를 비벼 먹고 나면, 오후엔 나른해져서 도저히 업무가 안된다. 졸음이 밀려오고 속도 부대낀다.

그럴 바에는 가뿐하게 6000원짜리 초록초록한 샐러드를 먹는 게 낫다. 천 원을 아끼는 일이기도 하고 내 위장을 쉬게 해주는 일이기도 하니까. 그리고 그 시간만은 이 답답한 조직에서 벗어난 조용하고 평화로운 나만의 시간이다. 아무도 방해하지 않는 시간이다.

나는 평소처럼 저는 됐습니다, 하고 딱 잘라 말하려다가 아까 엄 계장에게 욕을 먹고 있을 때 나를 보며 씩 웃던 주무관님 얼굴이 떠오른다.

그리고 받은 만큼만 돌려주는 최리 주무관님이 어떤 사람인지 궁금하다. 오늘은 조용한 식사보다 이 사람에 대한 궁금증에 더 구미가 당긴다.

나는 대답한다.

"같이 드실까요?"

"그래요. 제가 어제 집에서 반찬을 좀 해서 싸왔어요. 탕비실로 같이 올라가요."

탕비실 문을 열고 들어갔는데 민지 언니와 다른 팀 주무관 한 명이 테이블에 집에서 싸온 카레와 반찬을 깔고 있다.

"어, 서기야. 오늘 여기서 먹어? 같이 먹자."

그렇게 얼떨결에 민지 언니, 주무관 1, 나, 최리 주무관님 이렇게 네 명이 한 테이블에 둘러앉았다.

주무관 1이 감탄한다.

"어머 무슨 반찬을 이렇게나 많이 싸왔어요?"

많기는 하다. 최리 주무관님이 김치겉절이, 수육, 계란말이, 육전 같은 걸 내어놓는다. 밥은 오곡밥인 것 같은데 한 입 먹어 보니 간이 되어 있는 건지 너무 맛있다. 밥만 먹어도 너무 맛있다.

"제가 반찬 만드는 걸 좋아해서요. 하하. 여기 우리 과 이서기 주무관님이 젊은 새댁이라 그런지 맨날 혼자 풀만 먹길래 어제 저녁에 우리 애들 밥 챙겨주면서 몇 가지 싸왔네요. 주무관님들도 드셔보세요. 호호."

다들 '너무 맛있다' 하면서 수육에 김치를 싸 먹고 육전을 집어먹고 오곡밥은 또 어떠냐며 한 숟가락 떠먹는다.

한참 먹다가 주무관 1이 말을 꺼낸다.

"다들 이번에 성과금 받은 걸로 뭐했어? 민지 줌관은 가방 뭐 하나 더 산담서. 샀어? 구경 좀 시켜줘 봐."

민지 언니는 골치 아프다는 듯 이마를 손으로 짚는다. 민지 언니의 왼손 네 번째 손가락에 다이아 반지가 반짝인다.

"아, 아니요… 이번에 집주인이 전세금 올려달라고 해서 거기에 전부 꼬라박았다니까요. 하. 아니 집주인들 갑질이 왜 이렇게 심하죠? 전세금 올려달란 말을 미안한 기색도 없이 전화 한 통으로 하더라니까요."

나는 어이가 없다. 물가상승률만큼 내 집의 전세금을 올려받는 게 왜 갑질이고 미안해야 할 일인지 이해가 안 간다. 계란값은 이제 만 원이고 대파값은 8000원도 하는데 주거비는 언제나 그대로여야 한다는 그 논리를 이해할 수 없다.

"민지 줌관, 그래도 집 절대 빼주면 안 돼. 요즘에 전세 구하기 진짜 힘들어. 나도 이제 애 학교 땜에 이사 가야 되는데 전세가 하나도 없어. 반전세는 좀 있더라. 근데 그게 반전세도 아니고 거의 월세야. 월세가 너무 쎄. 도둑놈들. 아, 밥맛도 없다. 못 먹겠다."

주무관 1은 젓가락을 내려놓는다.

"맞아요. 진짜 도둑놈들이 따로 없어."

민지 언니는 맞장구친다.

의식주 중에서 인간에게 가장 중요한 건 '식'이 아닌 '주'다. 아무리 진수성찬이 차려진 밥상도 내 집, 내 부엌이 아니면 식욕을 돋우지 못한다.

주무관 1은 수육과 겉절이, 육전과 카레, 그리고 요즘 몸값 떡상 중인 금란으로 만든 금란말이 앞에서도 식욕을 잃는다. 내 아이와 들어가 살 집이 더 이상 없을지 모른다는 위기감에 밥을 목구멍으로 넘기지 못한다.

나는 그 모습을 보면서 오늘 아침 경제기사 읽어주는 유튜브에서 본 '전세 씨가 마른다' '심상치 않은 하반기' '일관성 없는 부동산 정책, 결국 세입자 겨누나'와 같은 소식이 거짓말은 아니었구나, 생각한다.

그리고 주무관 1의 '도둑놈들'이라는 말이 귀에 꽂힌다. 집을 훔친 적이 없는데 도둑놈 소리를 들어야 한다. 도둑질을 안 했어도 누명을 써야 한다. 집주인들은 이 사회가 씌운 억울한 누명을 당연하게 감내해야 한다.

집주인은 세입자들이 내지 않는 세금을 매년 꼬박꼬박 나라에 낸다. 그 세금은 모두가 사용하는 도로가 되고, 공원이 되고, 공용화장실이 되고, 재난지원금이란 이름으로 우리의 통장에 꽂히기도 한다. 그래도 집주인은 집을 가졌다는 이유만으로 손가락질 받는다. 도둑놈 누명을 쓴다.

나도 도둑놈 소리는 억울하다. 난 원래 억울할 때 눈물이 난다.

그런데 이 상황에서는 이상하게 눈물은커녕 여유가 생긴다. 이 여유로운 억울함이 썩 기분 나쁘지 않다.

"서기 줌관은 성과금으로 뭐 했어~?"
내 차례가 왔다.
"저는 일단 모아뒀어요. 대출상환하던가 해야죠 뭐."
"그래, 요즘 기사 보니까 금리 오른다더라. 그니까 그렇게 조급하게 부동산을 살 게 아니야. 집을 무슨 명품 가방 지르듯이 그렇게 사? 경솔하게."
내가 볼 땐 몇 달째 금리 인상이다, 인상 임박이다, 하는 뉴스보다 당장 전셋집도 못 구하는 주무관님의 현재 상황이 더 조급해 보인다.
그리고 내 대출은 고정금리다. 잘 알지도 못하면서 본인의 잃어버린 식욕 대신 나의 불행으로 배를 채우려는 그 모습이 더 경솔해 보인다.
평소 같았으면 불쌍한 역할을 도맡으며 '네네 그렇죠…. 그렇죠…' 했겠지만 이제는 그러지 않기로 한다. 아빠 말처럼 이젠 내 모습대로 살기로 했으니까.
나는 민지 언니의 다이아 반지를 응시하며 조금 냉소적인 어투로 말한다.

"근데 이왕 지를 거라면 명품 가방 지르는 것보단 집을 지르는 게 낫지 않나요?"

순간 정적이다.

민지 언니와 주무관 1이 나를 본다.

'잡았다, 요 도둑놈' 하는 표정이다.

민지 언니가 내 말에 눈을 치켜뜨고 격앙된 목소리로 말한다.

"명품 가방은 가방값만 내면 되는데 집은 세금 내잖아. 집값이 억이니까 취득세는 돈 몇 천이야. 또 팔 때는 양도세. 양도세만 내는 줄 알아? 거기에 농어촌특별세도 붙어. 왜 쌩돈을 나라에 갖다 바쳐? 나도 집값만 낼 수 있으면 집 사고도 남았어. 어?" 하면서 턱을 위로 드는데, 샤넬 귀걸이가 형광등 불빛에 반사되면서 반짝한다.

언니의 변명 아닌 변명을 들어보니, 이 언니는 구더기 무서워서 장 못 담글 언니다. 등기 한 번 쳐본 적이 없지만 세금에 관해선 나보다 속속들이 잘 안다. 가져보지도 않는 집에 대한 세금을 상상만으로 수도 없이 냈다.

아마도 언니에게 집을 못 살 이유는 세금이고, 그래서 현재 자신의 세입자 포지션을 합리화하기 위해 열심히 부동산 세법을 공부했을 것이다.

이건 마치 내가 집주인이 되었을 때 내 선택을 확인받기 위해

한동안 열심히 부동산 공부를 했던 것과 같은 과정이다.
그 결과는 이렇게나 정반대이지만.

내가 대답이 없자 민지 언니는 '내 말이 맞지?' 하는 표정으로
나를 본다.
나는 대답을 안 한다.
더 이상의 대화를 이어가면 최리 주무관님이 나를 위해 정성
으로 싸온 귀한 음식을 내 위장이 소화시키지 못할 것 같다.
침묵이 길어지자 나는 이 두 명의 눈총이 따갑다. 괜한 말을
했나, 어떤 말로 수습하지, 하며 궁리하고 있는데 최리 주무관
님이 침묵을 깬다.
"에이. 주무관님도. 젊은 사람이 생각이 왜 그래요~. 좀 고쳐
먹어봐요~."
민지 언니 양쪽 귀의 샤넬 귀걸이를 훑어보며 말한다.
"샤넬이 우리나라에서만 1년에 세 번 가격을 올려도 다들 없
어서 못 산다잖아요. 그래도 주무관님은 용케 잘 사셨네. 근데
용한 게 아니고, 그게 바로 호구 잡히는 거예요. 외국 기업한테
호구 잡히면 외화유출이야~ 차라리 나라에 호구 잡히면 애국
자지. 그리고 다들 공무원이시잖아요~ 전 아니지만. 나라가 잘
돌아가야 다들 월급 받고 사시지. 그러니까 집 사시고, 세금 좀

내시고, 애국 좀 하세요."

민지 언니는 점점 표정이 일그러지다가 부동산 어플을 켜서 보여준다. 그리고 갑자기 징징이가 된다. 거의 울기 직전이다.

"이것 좀 보시라고요. 매물이 없다고요. 사고 싶어도 살 수가 없다고요. 그리고 요즘 대출도 안 나오는데…. 제가 일부러 그러는 게 아니라고요…!"

최리 주무관님은 슬쩍 폰을 보는 척 하다가 한심하다는 표정으로 말한다.

"에구, 진짜 왜 그러고 있어~. 딱하다 딱해. 방구석에서 그렇게 손바닥 만한 폰만 들여다보고서 집 없네, 큰일났네, 한탄만 하지 말고 좀 가보세요 부동산. 그리고 대출이 왜 안 나와~. 연금대출만 받아도 계약금 충분히 걸지. 부동산 가서 공무원인데 집 좀 사보려고 한다고 슬쩍 말해봐요. 어지간하면 박카스도 딱 까주고 커피도 잘 내려준다니까. 에휴 참. 젊은 사람이 답답하게 왜 그러나 몰라."

최리 주무관님은 생각보다 더 강력한 빌런이다. 최리 주무관님은 상냥한 얼굴로 홍홍홍, 하면서 엉성하게 쌓아올린 이 하향평준화의 성을 어디선가 질질 끌고 온 오함마로 후려 패는데, 그 위태로운 성은 단 한 번의 매질에 와르르 무너진다.

민지 언니와 주무관 1은 최리 주무관님의 호된 매질에 얼굴이 사색이 된다. 울상이 되다 못해 표정이 주룩주룩 흘러내린다. 최리 주무관님은 개의치 않고 내 밥 위에 육전을 놓아주며 말씀하신다.

"주무관님, 이거 한우예요. 많이 먹어요. 직장에서 욕도 좀 먹고, 한우도 먹고. 호호호.

괜찮아요, 괜찮아. 다 피가 되고 살이 돼~."

그렇다. 이분은 내공이 장난이 아니다.

밥 위에 올려진 육전을 보면서 생각한다.

주무관님이 출근한 첫날부터 3일 내내 하루에 세 번은 꼭 욕을 들어먹는 이서기, 욕은 많이 먹는데 밥은 안 먹고 풀만 먹는 이서기가 불쌍해서 앞치마를 두르고 한우를 저미고 계란물을 묻혀 프라이팬에 정성으로 부치는 최리 주무관님의 모습을 생각하니까 기분이 좀 미묘하다. 낯선 사람의 호의가 고마우면서도 부담스럽다. 또 한편으론 먹을수록 불러오는 배처럼 든든하기도 하다.

오늘의 한우 육전은 내게 백 마디 말보다 위로가 되었다. 나는 오늘 또 인생의 작은 해답을 찾았다. 어떤 말로도 위로가 안 될 때는 그냥 한우를 먹으면 된다.

인간이 이 땅에 만들어 놓은 미로가 아무리 복잡하다 한들 아주 큰 우주에서는 한낱 미물이자 짐승일 뿐이다.

잘 먹고, 잘 싸면 행복한 그런 짐승.

인간은 생각보다 단순하다. 복잡할 필요 없다. 아빠 말처럼 간단한 세상 단순하게 살아가면 그만이다.

한우를 입에 가득 욱여넣고 두 번 세 번 씹는다. 씹을수록 너무 맛있어서 엔돌핀이 솟는다. 이 순간 나는 이 우주 안에서 한낱 미물이 된다. 잘 먹으면 그저 행복한 한 마리 짐승이 된다.

나는 행복한 표정으로 최리 주무관님을 본다. 주무관님도 나를 보며 씩 웃는다. 나는 말한다.

"주무관님도 드세요. 너무 맛있어서 입으로 들어가는지 코로 들어가는지 모를 지경이에요."

그런데 그때 마침 탕비실에 텀블러를 들고 엄 계장이 들어온다. 허공에 대고 비아냥거리는데 언뜻 불특정 다수를 향한 것처럼 보이지만 그 화살은 언제나 내 근처를 겨냥한다.

"요즘엔 6개월짜리 계약직한테도 주무관이라고 하나? 무기계약직도 아니고. 계약직은 그냥 계약직이지. 참나."

최리 주무관님은 다 듣고 있다가 내게 상냥하게 말한다.

"서기 줌관님. 앞으로 나를 '무기계약직도 아닌 그냥 6개월짜리 계약직'이라고 불러요. 그래야 줌관님이 좀 덜 혼나겠다. 호호. 어, 나 전화 좀 받고 올게요. 먹고 있어요. 아 네네, 여보세요?"

방금까지 그 자리에 얼어붙어 있던 엄 계장이 최리 주무관님이 나가자마자 얼음 땡 되어서 뒤통수에 대고 욕을 한다.

"쟤 뭐야? 또라이야?"

이 요란한 치와와는 호랑이라도 만난 것처럼 잔뜩 겁을 집어먹고선 뒷걸음질 치며 깡깡 짖는다.

나는 모처럼 속 편한 점심식사를 하고 내 자리에 앉는다. 샐러드를 먹으면 약간 헛배 부른 느낌이 나는데 오늘의 식사는 딱 단전에서부터 명치까지만 차곡차곡 쌓여 배부른 느낌이다. 그 정도로 딱 적당한 느낌이다.

과한 우려와 과한 걱정은 되려 위로받는 사람의 고통을 증폭시킨다. 어떡해 어떡해, 하면서 내 상황을 과하게 동정하는 그 사람들 때문에 나는 더 작아지고 움츠러든다. 위로를 받긴 받았는데, 헛배 부른 느낌이 난다. 내가 매일 외롭게 혼자 먹곤 했던 그 샐러드처럼.

반면 최리 주무관님의 도시락처럼 차곡차곡 눌러 담은, 딱 적당한 위로는 주무관님이 한 말처럼 피가 되고 살이 된다.

나는 지금 살이 좀 찐 것 같다. 한우 때문인지, 아니면 위로 때문인지 마음에도 몸에도 살이 좀 붙은 것 같다. 좀 튼튼해진

것 같다. 좀 많이 먹었나 싶어 배를 두드려 보고 있는데 여정
이에게서 전화가 온다.

'뭐지 이 시간에? 무슨 일 있나?'

사무실을 후다닥 나가서 전화를 받는다.

# 집값이 그새 또 올랐어

"여보세요?"

"서기야. 너 혹시 오늘 오후 7시에 시간 돼?"

"오늘? 갑자기? 뭐 별거 없긴 해."

"집주인 할아버지가 갑자기 오늘 7시에 계약서 쓰자는데? 근데 지호가 오늘부터 중국 출장이야. 같이 가줄 수 있어?"

"갈 수 있지 당연히. 근데 왜 그렇게 자기 맘대로 해? 좀 어이 없네."

"아니, 우리가 6억 5천에 가계약금 걸었는데 오늘 아침에 보니까 6억 8천에 실거래 떴어. 그래서 혹시라도 집주인이 계약 엎을까 봐…. 나 진짜 초조해."

"진짜 대박이다. 아, 잠깐만. 올라서 좋기는 한데. 너 혹시 중도금까지 준비해 놨어?"

"중도금? 계약금이 아니고?"

"응. 중도금."

"음… 지금 자금으로… 중도금까지는 돼. 잔금은 대출로 치러야 되고."

"그러면 오늘 계약서 쓰고 중도금도 최대한 빨리 걸어버려. 중도금 걸면 계약 못 엎어."

"진짜? 중도금 걸면 못 엎어?"

"어어. 당연하지."

"그렇구나. 몰랐어. 나 일단 오늘 반차 냈어. 은행 가서 이체한도 늘려 놔야 해."

전화기 너머로 여정이의 숨가쁜 호흡이 느껴진다.

"어어어. 얼른 가 봐. 아니야 아니야 천천히 해. 아직 시간 많잖아."

"아 오키. 아 후달려…. 아 쫄려…."

"나도…."

"심호흡하자."

그런데 번뜩 지난 주말에 읽었던 '부동산에서 호갱 되지 않는 법'이란 글이 떠오른다.

나는 비록 평범한 회사원이고, 매일 아침 지옥철을 타고, 내 발에 딱 맞게 길들은 낡은 단화를 신고, 커피를 쏟아도 대충 세탁기에 돌리면 되는 빛바랜 에코백을 메지만 부동산 갈 때만큼은 내가 가진 옷 중 가장 평범하지 않은 옷을 골라 입고, 아버지의 제네시스를 빌려 타고, 세상 도도한 높은 킬힐을 신고, 가지고 있는 명품 가방 중 가장 값이 나가는 것을 골라 들고 간다.

전화를 끊고 내 모습을 검열해 본 결과 나는 평범한 회사원에도 못 미치는 모습이다. 누가 봐도 동네 주민센터에서 500원, 1000원 받고 서류 떼주는 수수한 공무원의 모습이다. 그래도 아까 최리 주무관님이 했던 말을 떠올린다.
'공무원이라고 하면 박카스도 까주고 커피도 잘 내려줘~.'
이게 정확히 무슨 의미일까. 공무원은 3년 차가 되어도, 8급이 되어도 월급 200만 원이 될까 말까 한데. 수당이 조금만 안 나와도 쪼들리고 1년 꼬박 모아봤자 2000만 원이 될까 말까 한데. 그렇게 돈이 많지도 않은 손님일 텐데 왜 박카스는 까주며 커피를 내려줄까.
그래서 슬쩍 물어보기로 한다. 메신저로 물어봐야겠다 생각하고 사무실 문을 여는데, 마침 최리 주무관님이 나오신다.
나는 자연스럽게 말을 걸어본다.

"어? 주무관님. 화장실 가세요?"

"응~. 허리가 쑤셔서 스트레칭 좀 하려고."

"네. 아까 식사 너무 맛있었어요..진짜 또 먹고 싶어요."

"아이고. 그래요 그래요. 서기 주무관님이 잘 먹으니까 나도 기분 좋아요. 주무관님만 보면 우리 딸램 생각나."

"저 근데 뭐 좀 여쭤봐도 돼요?"

"응? 뭔데요?"

"아까 주무관님께서 공무원은 부동산 가면 박카스도 까서 주고 커피도 내려준다고 하셨잖아요. 그거는 왜 그런 거예요? 공무원은 돈이 많지도 않고 부자도 아니잖아요. 그냥 갑자기 궁금해서요."

"아 그거~ 별건 아니고~ 복덕방 사장님들이 공사 치기 좋다는 뜻이지 뭐. 공무원들은 우물 안 개구리들이라 세상 물정 잘 모르잖아요. 돈은 없는데 자존심은 또 쎄고. 그래서 자존심 살살 긁으면서 작업 좀 하면 아무 물건이나 팔기 좋으니까 일단 반긴다는 거지."

"아… 그렇군요."

진실을 알게 된 공무원 이서기는 뜨끔 한다. 돈은 없는데 자존심만 세다는 말에 정곡을 찔렸다. 이건 내가 언젠가 들어봤던 말이다. 내 동생 동우가 내게 했던 그 말이다.

선비 근성.

현실에선 돈이 없어서, 능력이 없어서 어쩔 수 없이 청렴결백한 선비 흉내를 내고 있지만, 하루에도 수백 번씩은 도성으로 들어가고 왕의 옆자리에 앉는 상상을 하는 역겨운 이중성.

뜨끔한 나는 신혼집을 구하던 그때, 그 부동산 중개사가 내게 커피를 내려줬는지, 박카스를 까줬는지 열심히 기억을 뒤져 본다.

최리 주무관님이 말을 이어간다.

"근데 또 공무원들이 얼마나 성실하게 약속을 잘 지키는데. 엄청 소심하다고. 일단 어느 물건에든 계약금만 걸게 하면 돈이 모자라도 어디서 꾸어서라도 꾸역꾸역 잔금까지 치니까 호구 잡히기 딱 좋지."

최리 주무관님의 오함마는 지금 내 머리를 겨냥한다. 머리가 산산조각 나는 느낌이다.

생각해 보니 부동산 중개사에게 내가 공무원이라고 말하자 내게 되물었다.

"공무원이세요? 7급?"

"아니요, 9급이요."

"아, 9급. 일단 앉으셔. 마실 것 좀 드릴까?"

계약했던 부동산 중개사가 나를 보던 표정, 나를 치켜세워 주면서도 미묘하게 기죽이던 그 말들을 다시 복기하고 있는데 최리 주무관님이 그런 내 얼굴을 들여다보며 묻는다.

"왜, 복덕방 가게? 집 산 거 아니었어요?"

나는 너무 머리를 후려 맞아서 멍해진 표정으로 대답한다.

"그게 아니라 오늘 제 친구 신혼집 계약서 쓰는데 부동산에 같이 가주기로 했거든요. 근데 제 복장이 오늘 좀 이래서요. 화장도 안 하고 눈썹밖에 안 그렸는데. 다래끼 때문에 렌즈도 못 끼고 안경 쓰고 왔는데. 부동산 갈 때는 좀 힘주고 가야 되잖아요."

최리 주무관님이 갑자기 느닷없이 웃음을 터뜨린다. 그렇게 한참을 웃다가 눈가를 손으로 닦으며 말한다.

"아… 눈물이 다 나오네. 너무 귀엽네 우리 주무관님. 뭘 힘줘~ 어디에 힘줘. 아무리 힘줘봤자 애기들이지. 아직도 얼굴에 여드름 뾰루지 올라오는 애기구만. 초등학생이 엄마 화장한다고 갑자기 아줌마 돼요? 그리고 우리 주무관님은 표정에 다 티나. 정 뭘 해야겠으면 녹음기나 잘 켜놔요."

요즘 볼때기에 땅땅한 화농성 여드름이 종종 올라오긴 한다.

"하하. 주무관님 근데 이거 성인 여드름이에요."

"여드름에 어린이 여드름 성인 여드름이 어디 있어. 여드름은 그냥 여드름이지. 할머니가 여드름 나는 거 봤어요? 그냥 아직

청춘이니까 나는 거야."

명쾌하다.

여드름은 그냥 여드름이다.

얼마 전에 성인 여드름 치료 전문 피부과를 알아봤는데 주무
관님이 제시한 해답에 따르면 그건 다 상술이다. 그냥 청춘이
지나가면 자연스럽게 사라질 흔적들이다.

아침에 세수하면서 거울 속 내 얼굴에 잔뜩 성난 여드름을 발
견한 날에는 내 기분도 같이 성나서 괜스레 그날 일이 잘 안
됐다. 근데 이젠 그렇지도 않을 것 같다. 여드름이 나도 뾰루
지가 올라와도 그냥 내가 청춘인가 보다, 아직은 젊은이인가
보다, 하고 차라리 안도할 것 같다. 그냥 너그럽게 넘어갈 것
같다.

너무나 간단하고 명쾌한 주무관님과의 대화에 머리를 깨치고
있는데 주무관님이 갑자기 내 어깨를 주물럭주물럭하신다.

"어머머. 이거 봐. 이렇게 말라서 어떻게 직장생활을 해. 오늘
은 복덕방 가고, 그럼 내일은 뭐 해요? 우리집에서 밥 먹고 갈
래요? 한우 양지에 태양초 고춧가루 팍팍 쳐서 얼큰하게 육개
장 끓일건데."

한우 양지… 고춧가루 팍팍… 육개장….

나도 모르게 침을 꿀꺽 삼킨다.

나는 다시 한번 더 잘 먹으면 그저 행복한 짐승이 되고 싶어진다. 내가 하체 비만인 사실을 내일 주무관님의 집에서 식사하면서 말씀드려야겠다고 생각하면서 "네, 좋아요" 하고 답한다.

자리에 와서 앉으며 깨닫는다. 내가 직장동료와의 사적인 약속을 잡는 데에 처음으로 전혀 고민하지 않았다는 사실을.

인연이 될 사람과는 이렇게 자연스럽게 인연이 된다. 나이가 많아서, 적어서, 정규직이라서, 계약직이라서와 같은 거추장스러운 잔가지들은 자연스럽게 떨어져 나가고 굵고 실한 진짜 뿌리만 남는다.

그것이 인연이다.


업무시간 내내 일이 손에 잡히지 않는다. 네이버에서 여정이가 말한 집을 찾아보니 매물들의 호가가 여정이가 가계약금을 넣은 가격보다 5천이나 높았다. 실거래가도 이미 3천 높게 찍혔다.

내 오랜 친구의 내집마련 계획이 허무하게 엎어지는 건 아닐까, 그러다 신혼집을 못 얻는 것은 아닐까 우려가 된다. 식장도, 피로연장도 계약했다고 했는데. 드레스 투어도 이미 마쳐서 식에서 입을 웨딩드레스 셀렉까지 했다고 했는데. 주말만 되면 신랑이랑 가전제품을 보러 다니고, 아기자기한 인테리어 소품을 사러 다닌다고 했는데.

이 아름다운 것들이 신기루처럼 한순간에 없어지는 건 아닐까. 내가 다 심장이 쪼그라드는 기분이다. 얼마 전 엄지네 포장마차에서 가계약금을 넣었다는 그 집 사진을 보여주며 설레어하는 여정이의 발그레한 얼굴을 떠올리니 나는 도저히 일이 손에 잡히지 않는다.

중도금도 아니고, 계약금도 아니고, 가계약금만 걸어놓은 그 애매한 상태는 어쨌든 나만의 성을 쌓긴 쌓았는데, 알고 보니 그 성이 겨우 바닷가의 모래성인 것과 같은 기분이다. 바닷바람 한 번에 맥없이 무너져 버려서 한순간 흔적도 없이 사라질 것 같은 그런 기분이다.

요즘은 특히나 그 바닷바람이 너무 드세다. 어디 한번 버틸 테면 버텨봐라, 하는 기세로 심약한 사람들을 흔들어댄다. 부동산 무지렁이 1, 2, 3은 그 매서운 바닷바람에 찰싹찰싹 소금 싸대기를 맞는다. 쓰고 있던 모자는 이미 날아가 버렸고, 머리도 산발로 헝클어졌고, 신발도 한 짝 잃어버린 초췌한 몰골로 그 모래성 앞을 지키고 서 있다. 그렇게 그 모진 소금 바람을 온몸으로 맞으면서 점점 마른오징어가 된다.

상상 속에서는 분명 서울의 삐까뻔쩍한 궁전에 사는 우아한

공주였는데 현실에선 쭈굴쭈굴 오징어가 되어 식은땀을 삐질삐질 흘리면서 작고 소중한 모래성을 지키고 위태롭게 서 있다.

부동산 무지렁이 이서기는 오후 시간 내내 다리를 덜덜덜 떨고, 손톱을 물어뜯고, 똥 마려운 강아지처럼 안절부절못하다가 6시 땡 하자마자 주소를 찍어준 그 부동산으로 향한다.

여정이에게 카톡이 온다.

    [여정] 부동산 옆 편의점으로 와.

편의점에 도착하니 여정이가 편의점 한편에 있는 작은 테이블에 생수통 하나를 올려놓고서 멍하니 앉아 있다. 땡볕이 내리쬐는 더운 날씨에 직장에서 은행으로, 또 이 은행에서 저 은행으로 이리저리 뛰어다녀서 그런지 절인 배추처럼 축 처졌다. 나는 일단 초콜릿 몇 개와 에너지 드링크 한 병을 사서 여정이 손에 쥐여주고 마주 앉는다.

"야야, 먹어 일단. 당 떨어진다."

여정이가 고개를 들어 내 얼굴을 보더니 말한다.

"너 얼굴 왜 그래? 눈이 왜 이래?"

내 오랜 친구는 내 얼굴을 보자마자 눈두덩이의 작은 다래끼를 지적한다. 오늘 내 다래끼를 알아봐 준 첫 번째 사람이다.
나의 작디작은 문제도 즉시 알아채는 사람이다.

"귀신같이 알아보네. 다래끼 났어."

여정이는 약간 혼이 나간 것 같은 표정으로 편의점 유리 벽 너
머 하늘을 보며 아무 말이나 뱉는다.

"아. 몰라 몰라. 하늘에 구름 한 점 없냐 왜."

나는 여정이의 어깨를 흔들어 정신을 잃은 이성을 깨운다.

"야. 정신 차려. 한도 잘 늘렸지? OTP도 챙겼지?"

"어?"

멍 때리다가 잠시 정신이 돌아온 여정이는 허겁지겁 지갑을
뒤진다.

"어어, 여기!"

이런 여정이의 모습이 불안해서 여정이에게 초콜릿을 계속 건
네면서도 덜덜덜 떨리는 다리를 멈출 수 없다. 테이블이 달달
달 흔들린다.

여정이가 흔들리는 테이블 때문에 찰랑찰랑하는 생수를 보면
서 말한다.

"다리 좀 그만 떨어. 정신 사나워 죽겠네."

"너도 손톱 좀 그만 뜯어. 허물 벗냐?"

여정이는 평소에 스트레스 받을 때마다 한 번에 8만 원하는 비싼 네일아트를 받곤 했다. 그 정도 누리는 건 나를 위한 선물이라고 했다.

그런데 그 선물을 지금 토도독톡 소리를 내면서 야금야금 뜯는 중이다. 그 선물을 제 손으로 갈기갈기 찢어서 물티슈 하나를 뽑아 그 위에 모으는 중이다.

"뭐야 이거. 파츠 다 떼어버렸네. 손톱에 이거 올리는 거 비싸잖아."

여정이는 온통 손톱에 집중한다.

"지금 억이 왔다갔다 하게 생겼는데 이깟 싸구려 큐빅이 다 무슨 소용이야. 그냥 예쁜 쓰레기야 이딴 거. 지금 나 호흡곤란인데 손톱이라도 숨 쉬게 해줘야 돼. 너무 갑갑해. 네일아트고 지랄이고 다신 안 해."


한동네에서 나고 자란 배꼽친구 이서기와 정여정은 난생처음으로 억이 왔다갔다하는 거래를 하게 되면서 작은 동네를 넘어 큰 세상을 보게 됐다. 우리는 눈을 번쩍 떴다. 그렇게 시야가 넓어지자 자연스럽게 사소한 것들에 대한 집착을 버린다. 중요하지도 않으면서 겉으로만 화려한 것들, 알맹이는 없으면서 포장만 현란한 것들을 가려낼 능력이 생긴다.

속이 텅 비어서 물 위에 둥둥 떠 있는 예쁜 쓰레기들을 손쉽게 걷어내고 나를 위한 청소부가 된다. 우리는 점점 거추장스러운 가짜에서 해방되어 좀 더 맑고 투명해진 진짜의 모습이 된다.

답답한 젤네일을 벗고 본래의 투명하고 앙증맞은 모습으로 이제야 숨 쉬기 시작한 여정이의 열 손가락 손톱처럼 말이다.


"근데 우리 지금 너무 오징어 아니냐? 야. 너 화장 다 무너졌어. 다크 서클 오졌어. 머리는 왜 이렇게 쩔었는데? 물에 빠진 생쥐 같다."

여정이가 그런 말을 하는 나를 보고 빵 터진다.

"너는. 넌 눈탱이 밤탱이야 지금. 어디서 눈탱이 맞고 왔어? 야, 그리고 넌 안경 좀 바꿔라. 언제 적 뿔테를 지금까지 쓰는 거야. 이젠 거의 조영남 안경인데?"

오늘의 오징어 1, 2는 앞으로 일어날 일을 상상도 하지 못한 채 철없이 키득키득 댄다.

그때 여정이의 핸드폰이 울린다.

소라다.

"여보세요? 어어, 오키 오키. 천천히 와. 운전 조심해."

"소라야? 뭐래?"

255

"소라 7시 15분쯤 도착한대. 먼저 들어가 있으래."

우리는 방금까지 철없이 농담 따먹기를 하다가 진지한 얼굴로 잠시 마주 본다. 그러다 여정이가 떡진 옆머리를 귀 뒤로 넘기면서 기어들어가는 목소리로 내게 묻는다.

"괜찮겠지?"

나는 다래끼로 밤탱이가 된 눈을 꿈뻑꿈뻑하다가 조영남 안경을 엄지와 검지로 잡아 추켜올리며 대답한다.

"설마 별일 있겠어? 계약 엎어지는 게 흔한 일은 아니잖아. 잘 될거야. 어? 지금 6시 55분. 이제 들어가자."

살다 보면 종종 설마가 사람을 잡는 날도 있다. 흔하지 않은 일이 내 눈 앞에 펼쳐지는 날도 있다.

오늘이 바로 그날이다.

부동산에 들어가니 사장님이 책상에 앉아 타다다닥 소리를 내며 컴퓨터로 무언가 작업을 하고 있다. 계약서를 미리 만들어 두는 것 같다.

"어~ 왔어요? 앉아요."

우리는 쭈뼛쭈뼛하다가 중앙에 놓인 협상 테이블도 아닌 어디 저기 구석에 있는 나무 재질의 간이의자에 소심하게 걸터앉는다.

사장님은 한 40대쯤 되어 보이는 젠틀한 남자분이다. 회색 폴

로 반팔 티셔츠를 입었고, 머리가 단정하다. 중저음의 목소리
는 듣는 이를 편안하게 한다. 하지만 표정은 읽을 수 없다. 딱
봐도 포커페이스에 능하다.

벽에는 이 동네의 온갖 아파트들이 표시된, 덮고 자도 될 만한
이불 크기의 지도가 걸려 있다. 나는 점점 부어올라서 앞도 잘
안 보이는 눈으로 한껏 인상을 쓰며 그 지도를 관찰하다가 아
까 최리 주무관님의 말씀을 번뜩 떠올린다.

'정 뭘 해야겠으면 녹음기나 잘 켜놔요.'

즉시 빠른 동작으로 핸드폰을 켜서 녹음 버튼을 누르고 살포
시 무릎 위에 엎어놓는다. 그리고 두 손을 모으고 앉는다.

또 최리 주무관님의 말이 생각난다.

'주무관님은 뭘 해도 다 티나~.'

나는 뜨끔해서 두리번두리번하다가 핸드폰이 잘 안 보이게 옆
으로 치워둔다. 그 동작마저도 다 티가 난다.

슬쩍 여정이를 보니 아직도 고개를 처박고 손톱을 뜯고 있다.
긴장될수록 손톱에 더욱더 집중한다. 파츠고 네일이고 이미
다 떼어버렸는데 이젠 손톱까지 뽑아버릴 기세다.

그때 집주인 할아버지가 잔뜩 씩씩대면서 불만 가득한 얼굴로
부동산에 들어온다. 부동산 문을 열자마자 바로 사장님 얼굴
에 삿대질을 한다.

"아아니! 6억 8천에 팔렸담선? 그걸 왜 안 말했냔 말이여. 사람을 기만해도 유분수지. 여어기! 복떡방 사장님을 내가 을~매나 믿었는디 이래도 되는 거시여? 잉?"

할배의 첫인상은 아주 현란하다. 여정이의 8만 원짜리 젤네일보다 화려하다. 야자수가 덕지덕지 그려진 헐렁한 반팔 셔츠에 팔목까지 오는 흰 토시를 했다. 목에는 열 돈이 넘을 것 같은 샛노란 금목걸이, 팔목에도 누런색 두꺼운 금팔찌를 찼다. 머리숱은 듬성듬성한데 눈썹은 아주 진하다. 문신을 한지 좀 오래됐는지 청록색이다. 무슨 클러치 같은 것을 들었는데 명품인지 아닌지 잘 못 알아보겠다.

피부는 좋은 말로 하면 구릿빛인데, 일부러 태닝한 느낌은 아니다. 땡볕에서 선크림을 바를 여유도 없이 고생한 것 같은 어두운 갈색이다. 그런 느낌이 드는 이유는 할배의 몸매가 하늘하늘 종잇장처럼 말랐기 때문이다. 근데 목소리는 또 너무 크다. 세 평도 채 안 되는 부동산이 떠나갈 것 같다.

'여정이가 가계약할 때 술냄새가 났다고 했는데….'

다래끼 때문에 잘 안 보이는 눈 대신에 냄새라도 잘 맡아보자해서 코를 열심히 킁킁거린다. 다행히 술 냄새는 안 난다.

부동산 무지랭이 1, 2는 매도인의 현란한 옷차림과 아우라, 억

센 전라도 말투와 큰 목소리에 완전히 압도당했다. 여정이가 왜 가계약금을 넣고 걱정했는지 이제야 알 것 같다. 아니, 나라도 그랬을 것 같다.

부동산 사장님은 흔들리지 않고 웃으며 대응한다.

"아이고 아버님. 일단 앉으셔요. 아니 그거 말고, 여기 편한 의자" 하면서 우리가 앉아 있는 딱딱한 나무의자 대신 푹신하고, 등받이 목반이도 있고, 바퀴도 달린 임금님 의자를 대령한다.

우리가 왔을 때는 눈짓으로 대충 인사하더니 할배가 들어오자 자리에서 벌떡 일어나 그를 두 팔 벌려 반긴다.

'아, 이게 바로 책에서만 읽었던 매도자 우위 시장이구나.'

나는 실감한다. 이 세 평 남짓한 공간에서 조영남 안경 너머의 미묘한 모든 것들을 관찰한다.

하지만 당사자인 여정이는 사정이 좀 다르다. 오늘의 물에 빠진 생쥐는 그 자리에 그대로 얼어 있다. 다행히 손톱 지옥에서는 벗어났지만 아무 동작도 못 하고 있다.

할배는 임금님 의자에 앉아 다리를 쩍 벌리고 거만하게 앉는다. 팔 한쪽은 팔걸이에 걸쳐놓고 다른 한쪽 손으로 테이블을 탕탕 치면서 말한다. 금팔찌가 테이블에 부딪혀 둔탁한 소리가 난다.

"나아아아는! 2천은 더 받아야 것어! 이렇게는 절대 못 판 당께?"

물에 빠진 생쥐와 눈탱이 밤탱이는 아주 크게 당황한 얼굴로 서로 마주 본다.

그대로 동시에 얼음이 된다.

2000만 원.

2000만 원이란 돈은 누군가에겐 하룻밤 유흥비가 될 수도 있지만 서른 한살 성실한 직장인에겐 1년을 모아도 빠듯한 돈이다. 그리고 여정이는 이미 끌어올 수 있는 대출은 모두 끌어당겼다. 한도에 잡히지 않는 직장 대출까지 전부 다.

이대로라면 이 계약은 파토다.

'설마 별일 없을 거야'에서의 그 설마가 사람을 잡기 직전이다.

우려했던 일이 결국 발생하고 말았다.

부동산 사장님도 조금 움찔한다. 한 손으로 머리를 쓱 넘기는데 승모근이 슬쩍 올라간다. 아무래도 열받음의 표시 같다. 그러다 안 되겠다 생각했는지 비장의 카드를 하나 꺼낸다.

"아유. 아버님. 왜 그러세요~. 아드님은 같이 안 오셨어요? 한 시간 전에 저랑 통화했는데."

그 비장의 카드는 임금님도 제 맘대로 안 된다는 자식이다.

그때 끽, 하더니 부동산 앞에 웬 하얀색 벤츠가 선다.

잠시 후 운전석에서 웬 멋있는 키 큰 언니가 내린다. 에르메스 가방을 들고, 어깨를 훤히 다 드러낸 오프숄더를 입고, 주먹 만 한 얼굴을 다 가리는 선글라스를 끼고, 10센티미터는 되어 보 이는 뾰족한 샌들힐을 신고, 긴 생머리를 휘날리며.

'뭐지 저 언니는. 편의점에 물 사러 가나.'

또각또각 모델 워킹을 보여주며 걷더니 뜬금없이 부동산 문을 연다. 문을 열면서 동시에 선글라스를 벗는데 봉긋한 이마와 오똑한 코가 형광등 불빛에 번쩍번쩍 하면서 눈이 부시다. 저 메이크업은 물광을 최소 세 번 낸 메이크업이다. 향수를 온몸 에 쏟아부었는지 언니가 부동산 문을 열고 들어오자마자 독한 향수 냄새에 정신이 온통 혼미하다.

정신 줄을 놓기 직전에 나는 고개를 좌우로 흔들면서 겨우 정 신 줄을 부여잡는다. 조영남 안경을 추켜올리며 인상을 쓰고 언니를 올려다본다.

'어? 어디서 많이 본 얼굴인데.'

그렇다.

이 모델 언니는 바로 오징어 1, 2의 단짝 친구 김소라다.

261

영감은 잠시 시선을 소라에게 뺏겼다가 여정이를 향해 소리
친다.

"6억 7천! 이하는 안 돼! 거어어기 젊은 색시도 3천이나 높게
팔린 거 아요 모르요, 모르면 한번 찾아보소!"

나는 여정이를 본다.

여정이도 열받은 게 틀림없다. 여정이는 아랫입술을 깨물고
할배를 노려보다 고개를 돌려 사장님을 본다. 그리고 약간은
떨리지만 분명한 어투로 말한다.

"사장님. 이거, 계약 엎어지면 제가 낸 계약금 천 만원 배액배
상 받는 거 맞죠?"

배액배상.

보통 계약금의 두 배를 물어주는 것이라고 배웠는데 가계약금에도 적용이 되나?

나는 예상치 못한 상황에 갑자기 멍청이가 된다. 급하게 핸드폰을 꺼내 검색하는데 상황파악이 끝난 소라가 에르메스 가방을 내 무릎에 맡기고 여정이에게로 가서 어깨를 한 번 톡친다. 진정하라는 뜻 같다.

그러고 나서 간이의자를 가지고 가 할배 옆에 자리잡고 앉는다. 집주인 영감 옆에 딱 붙어 앉은 소라가 도레미미미 톤으로 콧소리를 낸다.

"어머~ 사장님. 오늘 기분 살짝 안 좋으신가 보다~!"

느닷없이 얼굴을 들이대는 소라 때문에 영감의 임금님 의자가 약간 뒤로 밀린다.

"아이 사장니임~ 근데에 쟤가 아직 어려가지구우~ 2천만 원 같은 큰돈은 뚝딱 못 만들어요. 어머머, 우리 사장님 목걸이도 순금으로 이렇게 하시구. 사장님 부자잖아요오~. 근데 쟤는 지인짜 돈이 없어서 그래요…. 딱 봐도 없어 보이잖아요오…. 우리 멋쟁이 사장님이 불쌍한 동생들 한 번만 살려주심 안 돼요? 네? 네?"

이렇게 말하며 고개를 45도로 비틀고 다리를 꼬는데, 하늘거리는 치마 사이로 매끈한 다리가 드러난다. 이것이 바로 내가

263

소설책에서 글로만 읽던 미인계인 것 같다. 나는 이 진귀한 광경을 놓치고 싶지 않아 안경을 잔뜩 추켜세운다.

그때 부동산 문을 열고 아줌마 손님 두 명이 들어온다.

사장님이 말한다.

"좀 일찍 오셨네. 거기 앉아서 잠깐만 기다리세요. 계약이 있어가지고. 허허."

그렇게 소라의 연극을 관전하는 관객이 두 명 더 늘었다.


영감은 부자라는 말에 어깨가 하늘로 승천한다. 금목걸이를 더 뽐내기 위해 턱을 쳐든다.

"아아니. 동상은 무슨 동상이여! 내 손주 뻘이고만."

영감은 소라가 던진 미끼를 물었다.

"어머머머머머. 손주요? 저희 작은 삼촌보다도 휘얼씬 어려 보이시는데?! 관리를 너어~무 잘하셨다~! 어머 근데 이거 셔츠 너무 느낌 있다. 어머머. 엄청 비싸 보이는데에~ 이거 명품이죠!"

하면서 누가 봐도 시장표 싸구려 같은 영감 셔츠에 하얀 손을 살짝 갖다 놓는데, 영감이 젊은 여자의 손길에 움찔한다. 영감은 정신을 잃을 뻔하다가 겨우 정신을 차리고 독기가 좀 빠진 말투로 말한다.

"아아니. 시방 쓰잘데기없는 말을 할 거시 아니고. 나도 차 떼고 포 떼고 나면 남는 거시 없단 말여."

그러다 물에 빠진 생쥐 꼴을 한, 딱 봐도 없어 보이는 손주뻘 되는 여정이를 한번 쓱 본다.

소라는 영감의 흔들리는 마음을 귀신같이 알아차린다.

"아아아잉 사장니임~ 저 기지배가 모아놓은 돈이 없어서어~ 2천만 원은 넘넘 무리예요. 좀 봐주시면 안 돼요? 네? 넹?!"

영감은 소라의 아양에 살살 녹는다.

흘러내리기 직전이다.

"아아아이, 참. 그르문! 천! 천만 더 올려받을 텡께! 계약서에 도장 찍자고. 잉? 6억 6천! 그럼 된 것이제?"

소라의 손길과 콧소리 한 번에 돈 천만 원이 순식간에 날아갔다. 대단하다.

하지만 소라는 포기를 모르는 여자다.

"아아잉 사장님~ 돈 천만 원 끽해봤자 요거 요거 명품셔츠 세 벌 값도 안 될 거 같은데에 그르지 마시구우~ 깎아주세요옹~ 네? 네?"

소라는 돌려 말하는 법이 없다. 이것도 또 다른 형태의 막무가내 정공법이다.

바로 그때, 언제 들어와 있었는지 영감의 아들이 조용히 상황을 지켜보고 있다가 "아부지, 잠깐 나와보셔" 하면서 영감을 데리고 나간다.

영감의 아들은 영감을 꼭 닮았다. 팔목까지 문신을 하고 짙은 눈썹 문신을 했다. 역시 자식은 부모의 거울이다.


그렇게 5분 정도 밖에서 이야기를 나누고 들어온 영감은 잔뜩 풀이 죽은 얼굴로 협상 테이블에 앉는다. 영감은 벙어리가 되었다.

아들이 대신 말한다.

"원래대로 6억 5천에 계약할게요."

부동산 사장님은 너 내가 그럴 줄 알았다, 라는 표정으로 아들 놈을 쳐다보고 미리 준비해 놓은 계약서를 한 장, 두 장, 세 장, 네 장 착착착착 테이블에 깐다.

여정이는 안도하는 얼굴로 말한다.

"오늘 중도금까지 치러도 되죠? 부동산 사장님께는 미리 말했어요."

아들은 화색이 돈다.

"아, 그럼 저는 좋죠."

영감이 소리친다.

"좋긴 뭐가 좋아 이 쌍노무시키야! 아이고 폭폭해. 폭폭해…."

폭폭하다는 게 무슨 뜻일까. 할 일이 없어진 오징어 구경꾼은 궁금한 마음을 참지 못하고 폰을 열어서 사전을 찾아본다.

폭폭하다

[형용사] 불끈 화가 치민다는 뜻의 전북지방 방언

나는 오늘 부동산에서 전라도 사투리도 하나 배운다.

그렇게 그 아슬아슬한 공간에 함께 있는 부동산 사장님, 여정이, 나, 소라, 영감의 불효자, 그리고 구경꾼 아줌마 1, 2까지 이제야 후, 하고 안도하며 영감이 계약서에 도장을 찍기만을 기다리고 있는데, 영감이 인감도장을 종이 위에 찍으려다 말고 갑자기 또 급브레이크를 밟는다.

"아 근디! 나가 하나 깜빡한 거시 있네. 집 문짝에 번호키는 나가 달은 지 한 달도 안 된건디. 그거슨 떼 가야제."

여정이는 울기 직전이다. 이젠 지쳐도 너무 지쳤다는 듯이 대답한다.

"네? 아니⋯ 그건 가계약할 때 말 안 하셨던 거잖아요. 계속⋯ 이렇게 맘 대로하는 게 어딨냐고요."

여정이의 반응을 보더니 영감은 들고 있던 인감을 테이블에 탁 놓고 다시 심술난 황소개구리가 된다.

아직도 영감 옆에 딱 붙어 앉아 있는 소라가 핸드폰으로 어디에 급하게 문자를 보내더니 여정이를 쿡 찌르면서 핸드폰을 가리킨다.

내 핸드폰도 울린다.

[소라] 야야, 그깟 번호키 끽해야 이삼십이야. 우리가 집들이 선물로 해줄 테니까 그냥 고.

쫄보 이서기는 이 급박한 상황에 이가 달달달달 떨린다. 이젠 눈도 잘 안 보여서 자판의 모음도 못 찾고 부들부들 떨리는 손으로 겨우 자음만 보낸다.

[이서기] ㅇㅋ

할배가 팔짱을 딱 끼며 말한다.

"아니 그르니께. 떠 가란거여 말란거여? 삼성 껀디 떠 가야재!"

소라가 맞장구친다.

"아 진짜. 삼성 꺼였어요? 삼성 꺼면 떼어 가셔야죠 당연히! 우리 사장님 진짜 애국자시다~ 진짜 너어어어무 멋있어."

그러면서 갑자기 여정이를 구박하기 시작한다.

"야! 너는 우리 사장님이 이렇게나 편의를 봐주시는데 그거 하나 못 해? 염치가 좀 있어야지! 니가 사람이야?"

영감은 아군의 지원에 으쓱한다.

"아아아암만! 사람이문 그라문 안 되재!"

이 광경을 지켜보고 있는 아줌마 1, 2는 속닥거리며 연극 감상 소감을 나눈다.

"어우야. 여시야 여시. 백여시."

여자들은 본능적으로 여우를 알아본다. 하지만 내가 보기엔 소라는 여우도 아니고, 백여시도 아니고, 우리처럼 오징어도 아니다.

소라는 제갈량이자 관우이고, 설계자이자 행동대장이다. 이 부동산 안에서만큼은 상위포식자다.

이제야 카톡을 확인한 여정이는 모든 것을 내려놓고 갑자기 해탈한다.

"아 네네. 가져가세요."

"야 진작 그럴 것이지! 다른 것도 아니고 삼성인데!"

소라는 한 번 더 윽박지르더니 영감이 테이블에 놓은 인감을 손수 집어 새빨간 인주를 발라 정성스레 손에 쥐어드린다.

"우리 사장님 지인짜! 상남자다~. 아유, 망설이면 멋없잖아요~. 요기 요기, 요기다가 상남자처럼 쾅쾅 찍으시면 되겠다!" 하면서 긴 생머리를 영감 쪽으로 휘릭 넘기는데, 그 짙은 향수 냄새에 영감은 드디어 정신 줄을 놨다.

소라는 고작 말 몇 마디로 칠십 넘은 노인을 순식간에 서른 살로 만들어줬다. 영감은 나이 칠십에 다시 서른 살 청년이 되어 계약서에 인감도장을 쾅쾅쾅 하고 찍는다.

"어머머, 진짜 최고 최고오~ 멋져 멋져~" 하면서 소라는 여정이에게 열심히 눈짓을 한다. 얼른 돈을 쏘라는 눈짓이다.

여정이는 수신호를 알아듣고 황급히 OTP를 꺼내서 두 손을 덜덜덜덜 떨면서 처음으로 억이 넘는 돈을 타인의 계좌로 송금한다. 숫자를 한 번, 두 번, 세 번, 네 번, 다섯 번 확인하느라 시간이 지체된다. 그 3분 남짓한 시간이 3시간처럼 느껴진다. 여정이의 은행 어플에 알림이 뜬다.


[신난은행] 김영감 님에게 400,000,000원을 송금하였습니다.


게임이 끝났다. 여정이는 게임 오버 화면을 영감에게 보여주며 말한다.

"보냈어요. 확인해 보세요."

영감은 허공을 보고 있다. 눈에 초점이 없다. 그때 마침 영감의 오래된 폴더폰이 띠릉띠릉 하고 울린다.

영감은 계약서에 도장을 찍고선 넋을 놨는데, 아들놈이 대신 폴더폰을 열어 문자를 확인하고 대답한다.

"네. 들어왔네요."

소라는 그제야 자리에서 벌떡 일어난다. 오늘의 작업이 끝난 것이다. 그리고 내게 맡긴 에르메스 가방에 꾸겨 넣은 가디건을 꺼내서 헐벗은 어깨에 툭 걸친다.

"어후. 추워 죽는 줄 알았네. 사장님 에어컨 너무 세게 트셨다."

영감은 길바닥에서 강도를 당한 사람처럼 멍하게 넋을 놓고 있다가 애잔한 얼굴로 1분 전 새로운 집주인이 된 여정이를 보고 말한다.

"색시. 색시는 운이 증맬루 좋당께…. 우리집 터가 진짜 좋아부러서 나아는~ 우리집 살면서 노~상 좋은 일만 상겼어. 색시도 그럴 것이여…."

의연하게 말하지만 어쩔 수 없는 사유로 생때같은 자식을 멀리 입양 보내는 얼굴이다. 그리고 중도금까지 넘어간 지금 그 집은 더 이상 영감의 집이 아닐 텐데, 영감은 아직도 그 집을 우리집이라고 부르고 있다.

반면 영감의 진짜 자식놈은 날강도의 얼굴을 하고 영감의 폴더폰을 열어 문자를 다시 확인하면서 신나 한다. 소라는 그런 아들 모습을 한심하게 지켜보다가 혼이 나가버린 영감에게 한

마디 건넨다.

"어르신, 건강하세요" 하는데 최소한 지금 이 말은 연극이 아니라 진심이다. 왜냐면 도레미 톤 콧소리는 온데간데없이 사라지고 원래의 허스키한 목소리로 돌아왔기 때문이다.

그렇게 장렬한 전투에서 당당하게 승리 깃발을 꽂고 우리는 이 전쟁터를 무사히 빠져나온다.

그때 소라가 아차차, 하며 편의점으로 뛰어들어간다.


모든 것을 불태운 여정이와 나는 아파트 상가 구석에 나란히 쪼그려 앉는다. 여정이는 떡 진 머리를 하고 혼이 빠진 얼굴로 이젠 해가 뉘엿뉘엿 지고 있는 하늘을 올려다보면서, 몇 시간 전 편의점에서 했던 말을 똑같이 또 한다.

"하늘에 구름 한 점 없냐 왜."

다래끼에 눈을 점령당한 나는 여정이의 어깨에 고개를 기대고 퉁퉁 부은 눈으로 멍하게 같이 하늘을 올려다본다. 그러다 나는 여정이의 얼룩덜룩한 손톱을 보고 빵 터진다.

"야. 손톱 처참한 거 봐라."

여정이는 양손을 모아 손톱을 보더니 같이 빵 터진다.

"정신분열 오졌네. 하하하."

기는 다 빨렸고 몰골은 처참하지만 우리는 높은 허들을 하나

넘었다. 그때 아직도 분주한 소라가 편의점에서 박카스 한 박스를 사서 나오면서 우리에게 말을 던진다.

"쫌 쉬고 있어. 사장님도 고생하셨으니까 한 박스 드리고 올게."

소라가 부동산에 들어가고 한 20분이나 지났을까. 부동산을 나온 소라가 어이없다는 듯이 말한다.

"저 영감탱이 완전 여우야. 우리 제대로 당했어."

# 51년생 김 영감은 왜 서울집을 팔았을까

부동산에서 나온 소라는 편의점에서 뽕따를 세 개 사 온다. 셋
이서 일렬로 나란히 상가 앞에 쪼그려 앉아서 뽕따를 손에 쥐
고 열심히 쪽쪽거리며 먹는다. 뽕따는 정말 쭈쭈바 중에서도
스테디셀러가 될 자격이 있다. 13년 전 교복을 입고 학교 운동
장에 나란히 앉아 먹던 싸구려 하늘색 색소 맛 그대로다. 포장
은 좀 달라졌지만 알맹이는 그대로다. 지금 여기 앉아 있는 오
랜 세 친구처럼.
소라는 쭈쭈바를 쫍쫍 먹으면서 부동산 사장님한테 전해 들은
영감의 이야기를 소상히 전한다.

최근에 6억 8천이라는 신고가를 찍은 집은 로얄동 로얄층에

올수리 된 최상급 매물이었다고 한다. 따라서 비로얄동 비로얄층에 기본 집인 영감님의 매물과는 가격이 3천 정도 차이나는 것이 아주 합당하며, 그곳에서 25년 꼬박 살아온 영감은 이 사실을 누구보다 잘 알고 있었다고 했다.

여정이와 가계약을 하던 그날엔 비가 억수로 왔고, 파전에 막걸리를 두둑이 잡수신 영감님은 만취 상태였다. 그래서 삼성 번호키는 꼭 떼어가겠단 조건을 빠뜨려 먹은 영감님은 아차 싶어 뒤늦게 부동산 사장님에게 그것은 꼭 떼어가야 한다고 막무가내로 졸랐다고 했다.

하지만 그동안 꼬장꼬장한 영감에게 징글징글하게 시달린 부동산 사장님은 영감님을 위해서 절대 그렇게 조율해 주진 않겠다고 마음먹었다고 했다. 그래서 미리 영감에게 약을 쳤다고 했다.

"아버님. 요즘은 가계약도 정식 계약으로 칩니다. 계약 당시 말씀을 안 하셨으면 매수인은 번호키가 포함된 매물에 계약금 건 거죠. 그리고 우리 매수인은 그렇게 돈 없는 사람도 아니에요. 맘에 안 들면 그깟 계약금 몇 천 배상해 주고라도 얼마든지 계약 파투내고 다른 매물 찾아갈 사람이에요. 안 그래도 기본 집이라 계약금 배상하고 다른 매물 사러 가겠다는 걸 제가 달래고 달래서 붙잡아 놨고만. 요즘 사람들이 얼마나 영악한지 아세요? 젊은 사람들 그렇게 띄엄띄엄 보시면 안 된다고요."

그런데 영감도 마흔이 넘은 한량 아들놈의 사채 도박 빚에 징글징글하게 시달리고 있었다. 하루 이틀 사이 사채 이자가 눈덩이처럼 불어나는 상황에, 영감은 한시라도 빨리 집을 처분해야 했다. 토요일이던 계약을 월요일로 급히 당긴 것도 그 이유였다.

아들을 살리기 위해서 당장에 수억이 필요한 영감은 중개인에게, 그깟 몇 천이야 배상이고 나발이고 안 받아도 좋으니까 여정이가 계약을 파투 놓을 거 같으면 2천 깎아서 6억 3천에라도 얼른 계약 성사시켜 달라고 저자세로 조아려 부탁하고 당부했다고 한다.

영감은 그렇게 중개인을 안심시켜 놓고선 계약 당일에 태도를 180도 바꿔서 "6억 8천에 팔렸잖여!" 하며 들이댔다. 젊은 매수인이 얼마나 영악한지 간을 보면서 판을 짠 것이다.

중개인의 말은 반은 맞고 반은 틀렸다. 우리는 젊긴 했지만 영악하질 못했다. 그래서 달달 떨고 있거나, 울기 직전이거나, 눈에 빤한 얕은 수를 쓰고 있는 새파란 애송이 3명은 최상위포식자의 레이더망에 딱 걸리고 말았다. 능구렁이 100마리가 뱃속에 들어 있는 칠십 노인의 먹잇감이 되고 말았다.

중개인은 이렇게 말했다.

"그 영감님은 애초에 6억 5천 이상 받을 생각도 없었어요. 아니, 아가씨가 안 깎으면 다행이었지. 그리고 그러려고 했으면 내가 그렇게 가만히 안 뒀어. 처음부터 목적이 고거 삼성 번호키만 추가로 떼가는 거였어요~. 아휴. 그 할배가 그렇게 나올 줄 알았으면 내가 우리 아가씨들한테 미리 언질을 주는 건데."

그렇다. 부동산 시장은 그렇게 만만하지 않다. 뛰는 놈 위에 나는 놈 있고, 상위포식자 위에 최상위포식자가 있으며, 전략 위에 또 다른 전략이 난무한다. 70년 세월 켜켜이 쌓인 경험자산으로 꾸며놓은 복잡한 미로에서 이제 갓 서른 넘은 애송이들은 미아가 되었다.

영감이 치밀하게 짜놓은 판에서 난생처음 경기에 참가한 새파란 애송이 말들은 꼭두각시처럼 각본대로 움직였다. 능구렁이 영감은 그렇게 딱히 힘들이지 않고서 6억 3천도 아닌 6억 5천에 도장을 찍고, 삼성 번호키도 쉽게 떼갔다. 이 게임에서 얻을 수 있는 것을 모두 취했다.

하지만 영감은 '내가 이겼다!' 하면서 속으로 쾌재를 부르고 있었던 건 아닐 것이다. 마지막에 소라의 얼굴을 보던 허탈한 할배의 표정이 자꾸 생각난다.

그러고 한 달 정도 지나서인가, 인테리어가 끝난 여정이의 신혼집에 놀러 가 등기권리증을 구경하는데, 우리집 등기권리증과는 다르게 그 두께가 매우 얇고 간소하다.

나는 우리집의 7번째 주인인데, 여정이는 그 집의 2번째 주인이기 때문이다. 여정이의 집은 태어난 이후로 첫 번째 주인인 영감님을 만나 한 번도 입양된 적이 없다가 나이 25살이 넘고서야 여정이에게 입양되었다.

할배는 23평 그집을 95년도에 분양받아 아이 둘을 키우면서 세도 한 번 안 주고 평생을 살았다. 형편이 어려워질 때마다 담보대출을 받기도 하면서. 칠십 노인의 하나뿐인 집을 털어먹는 불효자식 대신에 효자 노릇을 톡톡히 했던 그런 집이라고 했다.

그 집은 평생 두바이로, 사우디로 돈을 벌러 나가야 했던 외로운 가장의 무게를 같이 짊어져 줬다. 또 잔소리하는 마누라보다도 과묵하게, 자식이 하나둘 떠나갈 때도 그 자리에 든든하게 있어 주고 늙어갈수록 점점 혼자가 되어가는 인생에서 든든한 동반자가 되어주었다.

그 집을 못난 자식놈 도박 빚을 갚아주려고 딱 봐도 새파란 어린이들에게 팔아넘기는 할배의 심정은 어땠을까.

소라 덕분에 그날 손 안 대고 코 풀었던 부동산 사장님은 번호키값이라며 복비를 30만 원 깎아주셨다. 시간이 지나 여정이가 다른 지사로 발령이 나 집을 전세 놓으러 부동산에 들렀을 때 "어어 아가씨. 혼자 왔어? 언니는?" 하며 여정이보다 소라를 더 찾았다고 한다. 한번 보고 싶다고, 근처 오면 꼭 들르라며 아쉬워했다고 한다. 소라의 작전은 그렇게나 긴 여운을 남겼다.

뽕따를 다 먹은 우리는 좀 기운을 차렸다. 궁둥이를 손으로 톡톡 털고 일어난다.

여정이가 말한다.

"뭐 먹을래? 내가 살게."

소라가 대답한다.

"계약서 쓴 날에는 삼쏘지."

우리는 근처 삼겹살집에 들어와 둘러앉는다. 집 나갔던 영혼이 돌아온 여정이는 어이없어 하며 말한다.

"와, 진짜 영감탱이. 큰 그림 오졌다."

그런데 나는 자꾸 마지막에 소라를 올려다보며 허탈한 표정을 하던 할배의 얼굴이 떠오른다.

나는 숟가락을 놓으며 말한다.

"근데 말야. 아들 자식 진짜 너무하지 않냐. 아까 계약서 쓸 때

보니까 그 할배 51년생인가 그렇던데 그럼 칠십이 넘었잖아. 그럼 그 집은 할배 노후 자금일 건데 그걸 탈탈 털어가면서 미안해하기는커녕 너무 신나 하던데. 난 할배가 좀 불쌍해."

물을 따르는 소라가 말한다.

"불쌍할 거 없어. 자식 농사 잘못 지은 죄야."

여정이가 떡진 머리를 고쳐 묶으며 맞장구친다.

"맞아. 콩 심은 데 콩 나고 팥 심은 데 팥 나는 거야. 영감 심은 데 영감 난 거지. 모든 건 유전자 영향이 가장 커."

"생물학과 납셨다."

"생물학과 아니고 생명공학과. 그리고 그건 부전공. 주전공은 화학과. 이젠 좀 외워라. 어휴 단세포."

"잘났다. 너 아까 울 뻔 했지. 솔직히 말해봐."

여정이가 놀리는 나를 보더니 말한다.

"소라야. 얘 아까 이 딱딱 하면서 오돌오돌 떨었어. 눈탱이는 또 뜨고 있는 건지 감고 있는 건지, 저러고 이를 갈길래 자는 줄 알았잖아."

소라는 웃다가 내 얼굴을 보더니 심각한 표정을 한다.

"너 눈이 좀 심해. 이리 와봐" 하면서 하얀 손으로 내 눈탱이를 뒤집어 까서 살펴보더니 핸드백에서 주섬주섬 약을 꺼낸다.

"넌 술 먹지 말고 약 먹어. 이거 소염제. 대왕 다래끼라서 째긴

째야 할 듯. 근데 일단 붓기가 좀 가라앉아야겠다. 아, 진짜 이 서기 손 많이 가."

소라는 구박하는 척하면서 또 나를 챙긴다.


나는 그 와중에 자꾸 영감에게 동정심이 생긴다. 당한 건 우린데 영감이 자꾸만 불쌍하다. 그 아들 자식을 생각하니 갑자기 열이 뻗친다.

나는 작은 주먹을 쥐어 테이블을 소심하게 치면서 말한다.

"내 자식새끼였으면 진짜!"

"진짜 뭐."

"두들겨 팼다."

"뭘 두들겨 패. 지금 니가 두들겨 맞은 몰골이야."

여정이가 내 얼굴을 향해 뚜쉬뚜쉬 하며 콩알만 한 주먹으로 헛 주먹질을 한다. 우리는 낄낄대면서 장난을 친다.

소라는 그 와중에 웃지 못한다. 이 순간 소라도 영감의 불쌍한 인생을 생각하고 있다. 그러다가 혼잣말처럼 중얼거린다.

"근데 왜 그런 말도 있잖아. 임금님도 제 자식은 어쩌지 못한다고. 맘처럼 안 되는 게 자식이라잖아. 영감도 그렇게 키우고 싶진 않았겠지."

그때 우리의 또 다른 단톡방이 울린다.

우리 셋과 슬기, 라라가 속한 단체 톡방이다.

카톡을 보낸 사람은 슬기다.

[슬기] 얘들아. 우리 예준이가 다쳤어. 이번 주에 모임 못 나갈 거 같아. 미안.

예준이는 슬기의 두 돌도 안 된 아들이다. 슬기의 맘처럼 안 되는 자식. 그리고 우리 모두는 예준이의 이모다.

삼겹살을 굽던 이모 세 명은 카톡을 확인하고 일제히 얼음이 된다.

# 사랑하는 아들아, 넌 나의 우주야

친구 슬기는 밝고 낙천적이다. 그리고 슬기는 좀처럼 자신의
힘듦에 대해서 우리에게 털어놓지 않는다. 어렸을 때도 우리
와 같은 교실에서 항상 웃고 떠들고 즐거웠지만 그뿐이었다.
슬기는 보통의 사춘기 여고생처럼 자신의 마음의 짐을 친구들
에게 전가하지 않았다.

반대로 나는 그때, 아주 시끄러울 정도로 친구들에게 나의 아
주 사소한 고민까지 모두 털어놓았다. 스스로 확성기가 되어
서 아주 작은 내 감정도 삭이지 못하고 모두에게 드러냈다. 슬
기는 그렇게나 소란한 내 옆에서 내 아주 사소한 문제들도 귀
기울여 들어주고 내가 원하는 대답을 골라서 해주곤 했다.

나는 그때 슬기는 고민이 없는 사람이라고 생각했다. 너무 낙

천적이어서 세상 사는 게 쉬운가 보다 생각했다. 하지만 나이를 먹고 직장생활을 하면서 알게 됐다.

슬기는 고민이 없는 사람도 아니고, 세상 사는 게 쉬운 사람도 아니고, 그저 듣기만 하고 말하지 않는 사람이라는 것을.

늦깎이로 직장에 들어와 나를 드러내지 않는 벙어리가 되어보면서 나는 슬기를 종종 떠올렸다. 슬기는 과연 밝고 낙천적이기만 한 사람일까. 세상사 모든 일은 동전의 양면과 같고, 슬기의 마음에도 빛이 있다면 그림자가 있기 마련일 텐데.

슬기의 마음의 짐은 도대체 어디에 정박하고 있는 건지, 이미 그 용량이 다 차버린 건 아닐지, 언젠가는 펑 하고 터져버리는 건 아닐지.

나는 언제나 밝은 얼굴, 밝은 목소리를 하며 우리의 이야기에 밝은 리액션을 하는 슬기를 볼 때마다 이상하게 조마조마한 마음이 들었다.

슬기는 대학을 졸업하자마자 바로 은행원이 되었고 취업을 하자마자 26살에, 어떤 남자와 바로 결혼식을 올렸다. 슬기처럼 온화한 얼굴로 슬기의 작은 마음에도 귀를 기울이는 그런 남자와.

다들 요즘 같은 세상에 왜 이렇게 예쁜 나이에 결혼을 하느냐고, 좀 더 많이 만나보고 결정하라고, 좀 더 조건도 좋고 돈 많은 남자를 소개해 주겠다고 너나 할 거 없이 슬기를 말렸다. 하지만 슬기는 그때도 그저 웃으면서 듣고만 있었다.

나는 그런 슬기의 모습을 보면서 생각했다. 그 남자는 슬기만의 마음의 짐이 정박할 수 있는 유일한 운동장인가보다.

결혼식장에서 그 어떤 때보다도 평안하고, 홀가분한 표정을 하고 있는 슬기의 얼굴을 보면서 나는 안심했다.

그리고 2년 전 슬기는 작고 마른 약한 몸으로 보물 같은 예준이를 낳았다. 그런데 그 보물이, 예준이가 다쳤다는 것이다.

우리는 카톡을 확인하고 말이 없어졌다.

여정이가 핸드폰을 들고 나간다.

"여기 시끄러우니까 나가서 통화하고 올게."

자리에 남은 나와 소라는 말없이 각자 핸드폰을 본다. 나는 슬기의 카톡 프로필 사진 속 작고 예쁜 예준이가 웃고 있는 사진을 클릭해서 본다. 나는 입술을 깨문다.

불판 위 삼겹살은 이미 새까맣게 타고 있다. 다 타서 재가 되어버린 고기를 보며 난 초조하다. 슬기의 마음일지, 우리의 마음일지 모를 그 어떤 것이 새까맣게 타들어 가는 기분이다.

슬기와 통화를 하고 들어온 여정이가 말한다.

"예준이 일주일 전에 다쳤나 봐. 얘 또 혼자 삭이다가 이제야 말하네. 아마 내일모레 만나기로 안 했으면 말도 안 했을 거야."

나는 슬기를 생각하는데 자꾸, 어린 내가 다쳤을 때 울던 엄마 얼굴이 생각난다.

시계를 보니 9시가 다 되어간다. 나는 짐을 챙기면서 말한다.
"다들 내일 출근해야 되지? 내가 한번 가볼게. 우리집이랑 가까우니까."
소라가 대답한다.
"안 나올 거 같은데. 또 혼자 동굴에 들어가 있겠지."
"안 나온다고 하면 그냥 집에 가면 되지 뭐. 일단 가볼게."
그렇게 자리를 급하게 파하고 나는 슬기의 집으로 향한다. 슬기 집 근처 공원에 도착해서 벤치에 앉아 슬기에게 카톡을 보내본다.

　　[이서기] 야~ 김슬기. 뭐 해.

평소에는 답장이 느린데 오늘은 칼답이 온다.

　　[슬기] 예준이 재우고 남편이랑 맥주 한잔해.

[이서기] 아. 나 너희 집 앞 공원인데 잠깐 나올래?

그렇게 공원으로 나온 슬기의 모습이 초췌하다. 안 그래도 마른 몸이 더욱더 말라서 곧 소멸할 것 같다.
나는 최대한 초조한 나의 마음을 숨기고 무미건조하게 질문을 툭 던진다.
"어떻게 된 거야?"
슬기는 밤하늘을 한 번 쳐다보고 이야기를 시작했다.

맞벌이 슬기네 부부는 예준이가 아직 어리긴 하지만 어린이집에 보내기로 결정하고 복직을 했다고 한다. 그런데 그날따라 예준이가 잠을 안 자고 칭얼대서 남편 셔츠를 못 다려놨다고 했다. 구겨진 셔츠를 입고 출근할 남편한테 미안해서, 부랴부랴 남편 셔츠를 다리미로 다리다가 예준이의 이유식을 챙기러 부엌으로 가 냉장고를 열었는데, 갑자기 예준이가 세상 떠나갈 듯이 울었다는 것이다.
"예준아~ 또 왜 그래. 엄마 출근해야 해~" 하면서 가보니, 뜨거운 다리미가 예준이의 발등으로 넘어졌고 그 무거운 다리미를 작은 예준이는 어쩌지를 못하고, 옴짝달싹하지 못하고 울고 있었다는 것이다.

287

나는 눈을 질끈 감는다. 그리고 손등의 흉터를 만지작거린다. 작은 아기인 예준이가 얼마나 뜨거웠을지, 또 슬기의 마음이 얼마나 찢어졌을지 생각하니 눈물이 나오려고 한다. 하지만 난 절대 울면 안 된다. 진짜 울고 싶은 사람 앞에서 먼저 울어 버리면 안 된다.

"차라리 내가 다쳤으면. 다 나 때문이야. 난 엄마 자격도 없어."

슬기는 일그러지는 얼굴을 두 손으로 가린다. 그런데 슬기도 손날 쪽에 작은 포스트잇만 한 밴드를 붙이고 있다.

"손은 왜 그래? 너도 다친 거야?"

"아. 이건 별거 아냐, 예준이 업고 뛰다가 넘어져서 좀 찢어 졌어."

"찢어졌다고?"

"응. 예준이 업고 택시 탔는데 옷에 피가 흥건하게 묻어 있길 래 우리 예준이 피인 줄 알고 택시에서 정신 놓고 펑펑 울었는 데 병원 도착해서 보니까 내 손바닥에서 난 거더라. 진짜 얼마 나 다행이던지."

그렇다.

자식의 작은 상처에는 몸을 부들부들 떨면서 찢긴 자기 살은 별것도 아닌 것이 되는 게 모성애다. 나의 자식의 몸에 생채기 가 날 바엔 내가 대신 피를 쏟는 게 차라리 다행인 것이 바로 모성애다.

나는 그런 슬기를 보면서 나의 엄마를 떠올린다. 내 손등의 화상 흉터를 볼 때마다 어두운 얼굴을 하면서 눈을 질끈 감는 나의 엄마를 떠올린다. 어느 책에서 읽은 말처럼, 모성애의 본질은 죄책감인 것이 분명하다.

슬기는 어두운 목소리로 중얼거린다.

"저거 분명 흉질 텐데. 예준이가 나중에 커서 흉터 볼 때마다 날 원망하면 어떡하지. 다쳤을 때 그 아팠던 기억 계속 생각하면 어떡하지."

사실 나도 아주 가끔 흉터를 보면서 그때를 떠올린다. 동우의 작은 손을 꼭 잡고 애타게 엄마를 찾기 위해 벌겋게 달궈진 문 손잡이를 잡으려다 생긴 손등의 작은 화상 자국. 때로는 그 흉터가 아릿아릿할 때가 있다.

나는 손등을 쓰다듬으면서 중얼거린다.

"생각이 나긴 하지."

슬기가 그런 나를 쳐다본다.

절망적인 얼굴이다.

"아무래도 그렇겠지?"

잠시 그런 슬기의 얼굴을 보다가 밤하늘을 보면서 말한다.

"응. 생각나지. 울 엄마가 신발도 짝짝이로 신고 헐레벌떡 뛰어오는 그 모습. 나를 끌어안고서 어깨를 들썩들썩하면서 울던 거. 나를 둘러업고 헉헉 거리면서 뛰어가는 우리 엄마. 땀이 흥건해서 축축한 엄마 등짝. 그 등짝에서 전해지는 엄마의 흐느끼는 숨소리. 병원에서 부들부들 떠는 손으로 내 얼굴을 쓰다듬으면서 다 내 잘못이라고, 엄마가 미안하다고, 다 내 탓이라고 말하는 엄마의 빨간 눈, 빨간 코, 빨간 얼굴. 그런 게 생각나지."

엄마를 생각하니 눈물이 난다.

나는 눈물을 닦으면서 말을 잇는다.

"엄마가 나를 얼마나 많이 사랑하는지. 엄마가 나한테 얼마나 큰 존재인지. 이 흉터를 보면서 항상 생각해."

슬기는 내 말을 들으면서 계속 운다. 나도 운다. 우리는 그렇게 한참 같이 운다. 그러다 슬기가 나를 보며 말한다.

"아. 이서기. 왜 이렇게 위로를 잘해줘. 내가 너한테 위로를 다 받고. 세상 오래 살고 볼 일이다."

슬기는 항상 힘들어하는 나를 위로했다. 내가 좌절할 때마다 사람은 다 자기 때가 있는 거라고, 아직 너의 때가 오지 않은 것뿐이라고 나를 안아줬다.

"그래? 내 말이 위로돼? 나 소질 있나 보다. 근데 왜 난 그동안 너네한테 받고만 살았지."

"뭐래~. 근데 니 말이 맞아. 우리 예준이는 효자라서 나 원망 안 할 거야."

두 돌도 채 안 된 아기가 효자인지 아닌지 어떻게 알 수 있는 건지 나는 궁금하다.

"효자? 어떻게 효잔데. 두 돌 아기가 아침마다 절하면서 문안 인사라도 드리냐?"

우리는 방금까지 울다가 또 키득키득한다.

"아니 진짜 우리 예준이가 그때 병원에서 치료받는데 별로 울지도 않더라고. 진짜 효자야."

"그래. 엄마 또 울까 봐. 엄마 생각했나 봐 고 쪼꼬만 게. 우리 예준이 진짜 용감해. 너는 복 받았다 진짜."

예준이는 슬기의 무덤덤한 성격을 꼭 빼다 닮았다. 슬기는 작은 슬기를 낳았다.

"맞아. 난 복 받았어. 예준이가 치료 받으면서도 그 쪼꼬미 손으로 내 손가락을 꽉 잡으면서 울고 있는 나를 쳐다보는데, 그때부터 울 수가 없었어. 그래서 억지로 웃었어."

슬기의 말에 나도 어렸을 적 병원에서 엄마가, 내 하늘이 무너질까 봐 너무나 두려웠던 그 기억을 떠올린다.

"잘했어. 네가 무너지면 예준이한테는 하늘이 무너지는 거야."

슬기는 미소를 지으며 나를 쳐다본다.

"서기야 근데 너는 아기 안 가져? 결혼한 지 이제 2년 되어가 잖아."

나는 슬기의 말에 순간 나와, 현우와, 현우를 꼭 닮은 작은 현우가 함께 같은 길을 걸어가는 상상을 한다.

나는 웃으며 대답한다.

"나도 예준이처럼 의젓한 아들 낳고 싶다. 엄마 속상할까 봐 울지도 않는 효자 예준이. 두 돌짜리 아기가 이렇게나 든든합니다!"

그렇게 울다가 웃다가 슬기는 내 얼굴을 보고 묻는다.

"근데 눈은 왜 그래. 다래끼 났어?"

"응. 이거 내일 째러 갈 건데 너무 아플 거 같아 무섭다."

"좁쌀만 한 다래끼 째는 것도 무서워하면서 무슨 애를 낳냐."

맞는 말이다.

"슬기야, 아기 낳는 거 많이 아프지?"

초등학생도 안 할 것 같은 질문을 해본다.

"아프냐고? 음… 근데 난 다 까먹었어. 우리 예준이 너무 예뻐서 다 까먹었어."

모성애는 대단한 마법이다. 자기의 온몸이 뒤틀리고 살이 찢어지는 고통도 아기의 꺄르르 웃음 한방에 순식간에 없던 것이 되어버리는 그런 마술 같은 것이다.

슬기가 좀 홀가분해진 얼굴로 밤하늘을 보더니 말한다.

"별이 빤짝빤짝하네. 꼭 우리 예준이 눈동자 같아."

나는 웃으면서 대답한다.

"예준이가 너한테는 별인가 보네."

"아니지. 예준이는 우주지. 태명도 우주였어."

슬기의 하나뿐인 아들 예준이는 슬기의 온 우주가 되었다.


"그런데 오늘 너희는 왜 만난 거야?"

"오늘 여정이 신혼집 계약서 쓰는 날인데 지호가 출장 중이라 나랑 소라가 같이 가줬어."

"여정이도 집 사서 시작하는구나. 나도 열심히 청약 넣어보고 있는데 잘 안 되네."

"응 근데, 넌 곧 돼."

슬기가 나를 본다.

"된다고? 어떻게 알아 니가?"

"왜냐면 우리 예준이가 보통 복덩이가 아니기 때문이지."

위로와 조언이 항상 유익할 필요는 없다. 유익하지 않은 아무 말도, 눈물 대신에 웃음을 줄 수만 있다면 어떤 위로보다 강력하다.

"하하. 맞아. 우리 예준이가 복덩이야. 예준이 생기고 좋은 일만 생겼어."

"고럼 고럼. 당연하지."

나는 비닐봉지 하나를 슬기에게 건넨다.

"이게 뭐야?"

슬기가 봉지를 열어보는데, 그 안에는 하늘색 쭈쭈바 뽕따 두 개가 들어있다.

"남편이랑 뽕따 하나씩 해."

슬기의 얼굴이 환하게 밝아진다. 갑자기 13년 전으로 돌아간 듯 여고생이 된다.

"와, 나 이거 진짜 좋아했는데. 우리 이거 맨날 사 먹었잖아. 맨날 야자 째고 학교 운동장에서. 진짜 오랜만이다 이거."

위로에는 가격표가 없다. 500원짜리 쭈쭈바 한 개가 지금 슬기의 마음을 꽉 채운다. 어떤 진수성찬보다도 슬기의 마음을 배불린다.

"잘 먹을게. 그리고 이서기, 너 진짜 많이 컸어."

"내가 원래 너보다 키도 크고 덩치도 크고 다 컸어. 이제 얼른 들어가. 남편 기다린다."


집으로 돌아가는 길에 나는 '청약'을 검색해 유튜브와 블로그 글을 찾아본다. 그동안 아무것도 안 하면서 받기만 했던 내가 이젠 나의 친구들에게 돌려주고 싶다.

내가 받은 것보다 더 많이, 그리고 더 크게.

# 월 200도 못 벌면서
# 집부터 산 31살 이서기 이야기 1

**초판 1쇄 발행** 2021년 11월 23일
**초판 2쇄 발행** 2021년 11월 30일

**지은이** 이서기
**펴낸이** 김동환, 김선준

**책임편집** 최구영
**편집팀장** 한보라 **편집팀** 최한솔, 최구영, 오시정
**마케팅** 권두리, 권희 **디자인** 김혜림

**펴낸곳** 페이지2북스 **출판등록** 2019년 4월 25일 제 2019-000129호
**주소** 서울 영등포구 여의대로 108 파크원타워1. 28층
**전화** 070) 7730-5880 **팩스** 070) 4170-4865
**이메일** page2books@naver.com
**종이** ㈜월드페이퍼 **인쇄** 더블비 **제본** 책공감

**ISBN** 979-11-90977-46-3 (04320)